高等职业教育财务会计类富媒体智能型·工学结合系列教材

Exercise and Training of Enterprise Financial Accounting

企业财务会计习题与实训

（第三版）

郑红梅 主编

东北财经大学出版社
Dongbei University of Finance & Economics Press
大连

图书在版编目（CIP）数据

企业财务会计习题与实训 / 郑红梅主编. —3版. —大连：东北财经大学出版社，2022.10
（高等职业教育财务会计类富媒体智能型·工学结合系列教材）
ISBN 978-7-5654-4412-8

Ⅰ.企… Ⅱ.郑… Ⅲ.企业管理-财务会计-高等职业教育-习题集 Ⅳ.F275.2-44

中国版本图书馆CIP数据核字（2021）第261325号

东北财经大学出版社出版
（大连市黑石礁尖山街217号 邮政编码 116025）
网 址：http：//www.dufep.cn
读者信箱：dufep@dufe.edu.cn

大连日升彩色印刷有限公司印刷 东北财经大学出版社发行

幅面尺寸：185mm×260mm 字数：329千字 印张：16.5
2022年10月第3版 2022年10月第1次印刷

责任编辑：王天华 责任校对：包利华
封面设计：冀贵收 版式设计：原 皓

定价：38.00元

教学支持 售后服务 联系电话：（0411）84710309

如有印装质量问题，请联系营销部：（0411）84710711

第三版前言

为了便于教师教学和学生学习，我们编写了与《企业财务会计》（第三版）配套的辅助用书。本书根据主教材的教学目标、教学重点和难点以及职业技能等级证书的相关技能，兼顾全国会计专业技术资格考试的要求，针对每个任务均设计了判断题、单项选择题、多项选择题或不定项选择题、核算与分析题等，并为每个项目精心编制了与企业会计实践高度一致的主要经济业务项目综合训练，让学生在“做中学”“学中做”中进一步掌握所学的会计专业理论知识和专业技能，并提高学生的实际操作能力。附录中配有4套期末测试题，学生可以通过模拟考试，检验财务会计知识和专业技能的掌握程度。

本书第三版与《企业财务会计》（第三版）同步，均按照最新企业会计准则和财税政策等进行了修订，修订内容涉及以下几个方面：

一是以财政部2017年以来修订、颁布的企业会计准则及其应用指南为依据，对收入、政府补助、财务报表等内容进一步修订和补充。

二是体现国家财税改革的最新成果，按照“营改增”的最新政策，更新了涉及增值税业务的相关内容。

三是参照全国会计专业技术资格考试《初级会计实务》大纲，增加了企业合并形成的长期股权投资和租赁负债等相关内容。

本书由山西省财政税务专科学校郑红梅副教授担任主编，并负责全书的设计、总纂并定稿。本书编写具体分工如下：郑红梅副教授编写项目一、项目七，高翠莲教授编写项目六、项目十二，李美琴副教授编写项目三、项目五、项目十五，许香兰副教授编写项目八、项目十，刘润明副教授编写项目九、项目十三、项目十四，赵爱萍老师编写项目十一、项目十六，王艳老师编写项目二、项目四。

本书可供高职院校财经类专业学生学习使用，也可作为企业财会人员、管理人员及参加初级会计师考试人员的培训和自学用书。

感谢您选用本书，希望本书能给您带来有益的帮助，也希望您在使用本书后提出宝贵的建议，我们由衷地感谢您。

编　者

2022年9月

目　录

项目一

财务会计概念框架和会计准则体系认知

任务一 财务会计概念框架认知

一、判断题（正确的打“√”，错误的打“×”）

1.会计主体与法律主体不完全对等，法律主体可作为会计主体，但会计主体不一定是法律主体。（ ）

2.会计核算以人民币为记账本位币。业务收支以外币为主的企业，也可选择某种外币作为记账本位币，但编报的财务会计报告应当折算为人民币反映。（ ）

3.权责发生制以实质上取得收取现金的权利或支付现金的责任的发生为标志来确认本期收入和费用及债权和债务。（ ）

4.客观性信息质量要求企业应当以实际发生的交易或者事项为依据进行会计确认、计量和报告。（ ）

5.可比性信息质量要求企业一旦选定某种会计处理方法处理经济业务，以后会计期间不得变更。（ ）

6.售后回购业务可能确认收入，也可能不确认收入，这种业务的核算遵循了实质重于形式的信息质量要求。（ ）

7.重要性信息质量要求企业在会计确认、计量过程中对交易或者事项应当区别其重要程度，采用不同的核算方法。（ ）

8.谨慎性信息质量要求企业对可能发生的损失和费用应当合理预计，对可能实现的收益不预计。（ ）

9.某一会计事项是否具有重要性，在很大程度上取决于会计人员的职业判断。对于某一会计事项，在某一企业具有重要性，在另一企业则不一定具有重要性。（ ）

10.不同企业发生的相同或者相似的交易或者事项，应当采用规定的会计政策，体现了会计核算的可比性信息质量原则。（ ）

11.可理解性信息质量要求企业提供的会计信息应当与财务会计报告使用者的经济决策需要相关，有助于财务会计报告使用者对企业过去和现在的情况作出评价，对未来的情况作出预测。（ ）

12.符合资产定义并满足资产确认条件的项目，应当列入资产负债表；符合资产定义但不满足资产确认条件的项目，不应当列入资产负债表。（ ）

13.企业对其所使用的机器设备、厂房等固定资产，只有在持续经营的前提下才可以在其使用年限内采用一定的方法计提折旧。（ ）

14.所有者权益是指企业资产扣除负债后由所有者享有的剩余权益。（ ）

15.收入是指企业在经营活动中形成的、会导致所有者权益增加的、与所有者投入资本无关的经济利益的总流入。（ ）

16.利得是指由企业非日常活动所形成的、会导致所有者权益增加的、与所有者投入资本无关的经济利益的流入，利得不应计入当期损益。（ ）

17.收入不仅包括主营业务收入和其他业务收入，还包括营业外收入。（ ）

18.费用和损失是指企业在日常活动中发生的、会导致所有者权益减少的、与向所有者分配利润无关的经济利益的总流出。（ ）

19.财务会计报告的目标是向财务会计报告使用者提供与企业财务状况、经营成果和现金流量等有关的会计信息，反映企业管理层受托责任的履行情况，有助于财务会计报告使用者作出经济决策。（ ）

20.如果某项资产不能再为企业带来经济利益，即使是由企业拥有或者控制的，也不能作为企业的资产在资产负债表中列示。（ ）

二、不定项选择题（每题至少有一个正确答案，请将正确答案填在括号内）

1.下列各项中，使会计核算产生权责发生制和收付实现制两种会计核算基础的会计假设是（ ）。

A.会计主体假设　B.持续经营假设

C.会计分期假设　D.货币计量假设

2.下列各项中，对会计基本假设的表述恰当的是（ ）。

A.会计主体确立了会计核算的空间范围

B.持续经营强调企业在可以预见的将来不会面临破产清算

C.会计分期使权责发生制和收付实现制成为必要

D.货币计量为会计核算提供了必要的手段

3.下列各项关于货币计量假设的表述，正确的是（ ）。

A.所有业务均可用货币表现　B.货币价值不变

C.所有资产均可看得见　D.计量必须使用人民币

4.以收付实现制为核算基础，下列各项不属于本期收入或费用的是（ ）。

A.本期预先支付下期的房租　B.本期预收的销货款项

C.本期预付的购货款项　D.本期应付未付的职工薪酬

5.某企业2022年12月份发生下列支出：（1）年初支付本年度保险费2 400元，本月摊销200元；（2）支付下年第一季度房屋租金3 000元；（3）支付本月办公费用800元。按照权责发生制要求，本月费用为（ ）元。

A.1 000　B.800　C.3 200　D.6 200

6.企业提供的会计信息应当反映与企业财务状况、经营成果和现金流量等有关的所有重要交易或者事项，所遵循的是会计信息质量要求中的（ ）原则。

A.重要性　B.实质重于形式

C.谨慎性　D.及时性

7.企业对交易或者事项进行会计确认、计量和报告应当保持应有的谨慎，不应高估资产或者收益、低估负债或者费用，所遵循的是会计信息质量要求中的（ ）原则。

A.重要性　B.实质重于形式

C.谨慎性　D.及时性

8.企业对于已经发生的交易或者事项，应当及时进行会计确认、计量和报告，不得提前或者延后，所反映的是会计信息质量要求中的（　　）原则。

A.重要性　　B.实质重于形式

C.谨慎性　　D.及时性

9.销售商品的售后回购，如果没有满足收入确认的条件，企业在会计核算上不应将其确认为收入。这一做法所遵循的会计信息质量要求是（　　）。

A.实质重于形式　　B.可比性

C.可靠性　　D.及时性

10.会计信息的客观性要求是（　　）。

A.企业应当以实际发生的交易或者事项为依据进行会计确认、计量和报告

B.如实反映符合确认和计量要求的各项会计要素及其他相关信息

C.保证会计信息真实可靠、内容完整

D.企业提供的会计信息应当清晰明了，便于财务会计报告使用者理解和使用

11.会计信息的可比性要求是（　　）。

A.企业提供的会计信息应当明晰，便于理解

B.同一企业不同时期发生的相同或者相似的交易或者事项，应当采用一致的会计政策，不得随意变更

C.不同企业发生的相同或者相似的交易或者事项，应当采用规定的会计政策，确保会计信息口径一致、相互可比

D.企业对于已经发生的交易或者事项，应当及时进行会计确认、计量和报告，不得提前或者延后

12.下列各项属于反映会计信息质量要求的是（　　）。

A.会计核算应当及时进行

B.会计核算应当注重交易或者事项的经济实质

C.会计核算应当以实际发生的交易或者事项为依据

D.会计核算应当以权责发生制为基础

13.下列各项关于资产的表述，正确的是（　　）。

A.企业过去的交易或者事项包括购买、生产、建造行为或其他交易或者事项

B.由企业拥有或者控制，是指企业享有某项资源的所有权，或者虽然不享有某项资源的所有权，但该资源能被企业所控制

C.符合资产定义并满足资产确认条件的项目，应当列入资产负债表；符合资产定义但不符合资产确认条件的项目，不应当列入资产负债表

D.预期在未来发生的交易或者事项形成的资源也是企业的资产

14.下列各项中，能确认为企业资产的是（　　）。

A.购入的生产设备　　B.租入的生产设备

C.聘用的专业技术人员　　D.自行研发取得的专利权

15.下列各项关于负债的表述，正确的是（　　）。

A.负债是指企业过去的交易或者事项形成的、预期会导致经济利益流出企业的现时义务和潜在义务

B.符合负债定义和负债确认条件的项目，应当列入资产负债表；符合负债定义，但不符合负债确认条件的项目，不应当列入资产负债表

C.现时义务是指企业在现行条件下已承担的义务

D.未来发生的交易或者事项形成的义务，不属于现时义务，不应当确认为负债

16.下列各项中，使负债增加的是（　　）。

A.发行公司债券　　B.用银行存款购买公司债券

C.发行股票　　D.支付现金股利

17.下列各项中，能同时影响资产和负债的是（　　）。

A.接受投资者投入设备　　B.支付现金股利

C.收回应收账款　　D.支付股票股利

18.下列各项中，可以引起所有者权益减少的是（　　）。

A.企业发生经营亏损　　B.用盈余公积弥补亏损

C.企业减少注册资金　　D.宣布发放股票股利

19.下列各项属于企业财务会计报告内容的是（　　）。

A.资产负债表　　B.所有者权益变动表

C.会计报表附注　　D.有关企业的其他重要信息

20.根据我国企业会计准则的规定，会计期间分为（　　）。

A.月度　　B.季度　　C.半年度　　D.年度

任务二　会计准则体系认知

一、判断题（正确的打“√”，错误的打“×”）

1.企业基本准则包括以下内容：财务会计报告目标、会计基本假设、会计基础、会计信息质量要求、会计要素及其确认和计量、财务会计报告。（　　）

2.企业具体准则是企业进行会计核算工作必须遵守的基本要求，是企业会计准则体系的概念基础，是制定基本准则、会计准则应用指南、会计准则解释的依据，也是解决新的会计问题的指南。（　　）

3.企业会计准则应用指南是根据基本准则、具体准则制定的，用以指导会计实务的操作性指南，是对具体准则相关条款的细化和对有关重点难点问题提供操作性规定，它还包括会计科目、主要账务处理、财务报表及其格式等，为企业执行会计准则提供操作性规范。（　　）

4.《小企业会计准则》适用于设立在中华人民共和国境内的所有小企业。（　　）

5.企业会计核算的依据是企业会计准则还是《小企业会计准则》，由企业自主决定。（　　）

二、不定项选择题（每题至少有一个正确答案，请将正确答案填在括号内）

1.我国的企业会计准则体系包括（　　）。

A.基本准则　　B.具体准则　　C.应用指南　　D.解释公告

2.下列各项属于《企业会计准则——基本准则》内容的是（　　）。

A.财务会计报告目标　　B.会计基本假设

C.会计基础　　D.会计信息质量要求

3.下列各项关于企业会计准则构成的表述，错误的是（　　）。

A.会计准则是反映经济活动、确认产权关系、规范收益分配的会计技术标准

B.会计准则并不是生成和提供会计信息的依据

C.会计准则是政府调控经济活动、规范经济秩序和开展国际经济交往等的重要手段

D.我国已颁布的会计准则有企业会计准则、《小企业会计准则》和《事业单位会计准则》

4.下列各项主要针对企业准则实施过程中遇到的问题作出相关解释的是（　　）。

A.基本准则　　B.具体准则

C.会计准则应用指南　　D.企业会计准则解释公告

5.下列各项关于具体准则的表述，正确的是（　　）。

A.具体准则分为一般业务准则、特殊业务准则和报告类准则

B.一般业务准则是规范各类企业一般经济业务确认、计量的准则

C.特殊业务准则可以分为各行业共有的特殊业务准则和特殊行业的特殊业务准则

D.特殊行业的特殊业务准则适用于外币业务、租赁业务、资产减值等

项目综合训练

银广夏公司全称为广夏（银川）实业股份有限公司，现证券简称为西部创业(000557)。1994年6月上市的银广夏公司，曾因其骄人的业绩和诱人的前景而被称为“中国第一蓝筹股”。2001年8月，《财经》杂志发表《银广夏陷阱》一文，银广夏编制虚假财务报表事件被曝光。

一、银广夏的疑点

专家意见认为，天津广夏出口德国诚信贸易公司（Fidelity Trading GmbH）的产品为“不可能的产量、不可能的价格、不可能的产品”。以天津广夏萃取设备的产能，即使通宵达旦运作，也生产不出所宣称的数量；天津广夏萃取产品出口价格高到近乎荒谬；对德出口合同中的某些产品，根本不能用二氧化碳超临界萃取设备提取。疑点主要有：

（1）利润率高达46%（2000年），而深沪两市农业类、中草药类和酿酒类上市公司的利润率鲜有超过20%的。

（2）如果天津广夏宣称的出口业务属实，按照我国税法，应办理几千万元的出口退税，但年报里根本找不到出口退税的项目。2000年公司工业生产性的收入形成毛利5.43亿元，按17%的税率计算，公司应当计交的增值税至少为9 231万元，但公司披露2000年年末应交增值税余额为负数，不但不欠，而且还没有抵扣完。

（3）公司2000年销售收入与应收款项保持大体比例的同步增长，货币资金和应收款项合计与短期借款也保持大体比例的同步增长，考虑到公司当年销售及资金回笼并不理想，显然公司希望以巨额货币资金的囤积来显示销售及回款情况。

（4）签下总金额达60亿元合同的德国诚信贸易公司只与银广夏单线联系，据称为一家百年老店，但事实上却是注册资本仅为10万马克的一家小型贸易公司。

（5）原材料购买批量很大，都是整数吨位，一次购买上千吨桂皮、生姜，整个厂区恐怕都盛不下，且库房、工艺不许外人察看。

（6）萃取过程高温、高压、高耗电，但水电费1999年仅20万元，2000年仅70万元。

（7）1998年及之前的财务资料全部神秘"消失"。

二、中国证监会的处罚

2002年5月中国证监会对银广夏的行政处罚决定书认定，公司自1998年至2001年期间累计虚增利润77 156.70万元，其中：1998年虚增1 776.10万元，由于主要控股子公司天津广夏1998年及之前年度的财务资料丢失，利润真实性无法确定；1999年虚增17 781.86万元，实际亏损5 003.20万元；2000年虚增56 704.74万元，实际亏损14 940.10万元；2001年1—6月虚增894万元，实际亏损2 557.10万元。从原料购进到生产、销售、出口等环节，公司伪造了全部单据，包括销售合同和发票、银行票据、海关出口报关单和所得税免税文件。

2001年9月后，因涉及银广夏利润造假案，深圳中天勤这家审计最多上市公司财务报表的会计师事务所实际上已经解体。财政部亦于9月初宣布，拟吊销签字注册会计师刘加荣、徐林文的注册会计师资格；吊销中天勤会计师事务所的执业资格，并会同证监会吊销其证券、期货相关业务许可证，同时，追究中天勤会计师事务所负责人的责任。

要求：

（1）银广夏事件涉及的利益相关者主要有哪些群体？

（2）银广夏事件违反了哪些会计信息质量要求？

项目二

货币资金的核算

任务一　库存现金的核算

一、判断题（正确的打"√"，错误的打"×"）

1.库存现金，是指存放在企业财务部门、由主管会计经管的货币。（　　）

2.现金清查是采用实地盘点法核对库存现金实有数与账存数的。（　　）

3.盘点时，现金出现溢余，可以在"其他应付款"账户的贷方反映，待日后短缺时抵扣。（　　）

4.无法查明原因的现金短缺，根据管理权限经批准后记入"营业外支出"账户。（　　）

5.库存现金的清查包括出纳人员每日的清点核对与清查小组定期和不定期的清查。（　　）

二、不定项选择题（每题至少有一个正确答案，请将正确答案填在括号内）

1.下列各项可以用现金支付的是（　　）。

A.购买办公用品250元　　B.向个人收购农副产品20 000元

C.从某公司购入工业产品60 000元　　D.支付职工差旅费10 000元

2.张强报销差旅费3 200元，退回现金800元，结清原借款，该笔业务应计入管理费用的金额是（　　）元。

A.3 200　　B.800　　C.4 000　　D.2 400

3.现金清查发现现金短款时，应借记的账户是（　　）。

A."其他应收款"　　B."库存现金"

C."营业外支出"　　D."待处理财产损溢"

4.下列各项不符合现金结算有关规定的是（　　）。

A.用现金支付出差人员的差旅费

B.用现金支付向供销社采购的农副产品款

C.从基本存款账户支取现金发放职工工资

D.签发的支票金额超过企业的银行存款余额

5.经查明原因，转出应由出纳人员赔偿的现金短款200元，会计分录借方是（　　）。

A."其他应收款"　　B"待处理财产损溢"

C."应收账款"　　D"库存现金"

三、核算与分析题

1.众诚公司为增值税一般纳税人，2022年2月份发生以下有关现金的经济业务：

（1）2月1日，采购员王强出差，预借差旅费3 000元，以现金支付。

（2）2月6日，开出现金支票一张，从银行提取现金6 000元备用。

（3）2月8日，购买管理部门的办公用品500元，以现金支付。

（4）2月10日，收到职工罚款300元。

（5）2月16日，王强出差归来报销差旅费2 600元，其余款项交回。

要求：根据上述经济业务编制相关会计分录。

2.众诚公司在财产清查中发现如下问题：

（1）2022年6月28日进行财产清查时发现库存现金溢余200元。经过反复核查，上述库存现金长款无法查明原因。

（2）2022年7月25日在财产清查中发现，库存现金短缺1 000元。7月28日经核实，上述短缺的库存现金中，600元应由出纳人员李兰赔偿，另外400元无法查明原因。7月31日收到出纳人员李兰的赔偿金600元。

要求：根据上述经济业务编制相关会计分录。

任务二　银行存款的核算

一、判断题（正确的打“√”，错误的打“×”）

1.企业只能在一家银行的一个分支机构开立一个基本存款账户。（　　）

2.企业不通过一般存款账户发放职工工资。（　　）

3.对于银行已经入账而企业尚未入账的未达账项，企业应当根据“银行对账单”编制自制凭证予以入账。（　　）

4.企业银行存款账面余额与银行对账单余额因未达账项存在差额时，应按照银行存款余额调节表调整银行存款日记账。（　　）

5.对于银行已入账而企业尚未入账的未达账项，必须在收到银行的收、付款通知时，方可进行账务处理。（　　）

二、不定项选择题（每题至少有一个正确答案，请将正确答案填在括号内）

1.银行存款日记账由（　　）登记。

A.会计负责人　　B.会计人员

C.出纳人员　　D.业务经办人员

2.对于银行已经收款而企业尚未入账的未达账项，企业应作的处理错误的是（　　）。

A.以“银行对账单”为原始记录将该业务入账

B.根据“银行存款余额调节表”和“银行对账单”自制原始凭证入账

C.在编制“银行存款余额调节表”的同时入账

D.待有关结算凭证到达后入账

3.银行存款的总分类核算，应当根据（　　）逐笔或定期汇总登记。

A.银行存款收款凭证　　B.银行存款付款凭证

C.银行存款转账凭证　　D.有关库存现金付款凭证

4.银行存款日记账的核对，是指银行存款日记账（　　）。

A.与银行存款余额调节表的核对　　B.与银行存款收、付款凭证的核对

C.与银行存款总账的核对　　D.与银行对账单的核对

5.下列各项中，不可以在一般存款账户办理的是（　　）。

A.现金缴存　　B.现金支取

C.发放职工工资　　D.借款归还

三、核算与分析题

1.众诚公司为增值税一般纳税人，2022年8月份发生下列经济业务：

（1）8月8日，公司开出现金支票一张，从银行提取现金100 000元备发工资。

（2）8月11日，银行送来收款通知，A公司汇来前欠货款30 000元，银行已收妥。

（3）8月12日，公司销售产品收到销货款11 300元，存入银行。

（4）8月18日，公司收回应收账款30 000元，银行已入账。

（5）8月20日，公司行政部门用银行存款支付电话费5 000元。

（6）8月25日，公司购入材料一批，支付材料款20 000元，增值税税额2 600元，合计22 600元，材料已验收入库。

（7）8月28日，公司以银行存款偿还原欠外单位货款10 000元。

要求：根据上述经济业务编制相关会计分录。

2. 众诚公司2022年6月30日在工商银行的银行存款账面余额为256 000元，银行对账单余额为265 000元，经查对有下列未达账项：

（1）企业于月末存入银行的转账支票2 000元，银行尚未入账。

（2）委托银行代收的销货款12 000元，银行已经收到并入账，但企业尚未收到银行收款通知。

（3）银行代付本月电话费4 000元，企业尚未收到银行付款通知。

（4）企业于月末开出转账支票3 000元，持票人尚未到银行办理转账手续。

要求：根据上述资料编制银行存款余额调节表。

任务三　其他货币资金的核算

一、判断题（正确的打“√”，错误的打“×”）

1.其他货币资金是指企业除库存现金、银行存款以外的其他各种货币资金，包括支票、银行汇票存款、银行本票存款、商业汇票等。（　　）

2.其他货币资金可以存放在企业的基本存款账户之中，在会计上可以与银行存款一起进行核算与管理。（　　）

3.其他货币资金必须按照国家的现金管理制度、银行结算办法及有关规定严格进行管理，同时还要设置专门的账户，单独进行核算。（　　）

4.“其他货币资金”账户要按照其他货币资金的种类设置明细账户进行核算。

（　　）

5.单位信用卡的资金只能从基本存款账户转入。（　　）

二、不定项选择题（每题至少有一个正确答案，请将正确答案填在括号内）

1.下列各项属于其他货币资金核算内容的是（　　）。

A.银行汇票存款　　B.银行本票存款

C.存出投资款　　D.备用金

2.下列各项可以通过信用卡结算的是（　　）。

A.出差人员的住宿费　　B.企业招待客户的餐费

C.购买5 000元的办公用品　　D.购买25万元的设备

3.下列各项应确认为企业其他货币资金的是（　　）。

A.企业持有的3个月到期的债券

B.企业为在证券交易所购买股票划出的资金

C.企业汇往外地采购专户的资金

D.企业向银行申请银行汇票时交存银行的资金

4.企业以外埠存款10 000元购买电子设备一台，应贷记的账户和金额是（　　）。

A.“固定资产”账户10 000元　　B.“在建工程”账户10 000元

C.“其他货币资金”账户10 000元　　D.“银行存款”账户10 000元

5.下列各项应在“其他货币资金”账户中核算的是（　　）。

A.购买材料申请取得信用证　　B.销售商品收到支票

C.收到商业承兑汇票　　D.签发商业承兑汇票

三、核算与分析题

1.众诚公司为增值税一般纳税人，2022年8月份发生下列有关银行汇票的经济业务：

（1）5日，向开户银行申请办理银行汇票，公司开出汇票委托书并将款项9 500元交存银行取得银行汇票。

（2）8日，用银行汇票办理采购货款的结算，其中货款8 000元，增值税税额1 040元，材料已验收入库。

（3）15日，采购货款结算完毕，收到开户银行的收账通知，汇票余款460元已经入账。

要求：根据上述经济业务编制相关会计分录。

2. 众诚公司为增值税一般纳税人，2022年9月份发生下列有关外埠存款的经济业务：

（1）1日，采购员张斌到外地采购材料，开出汇款委托书，委托当地开户银行将采购款60 000元汇往采购地银行开立的采购专户。

（2）16日，收到采购员交来的报销单据，其中材料发票列明材料货款50 000元，增值税税额6 500元，车票、住宿费900元，材料尚未运达。

（3）18日，接到当地开户银行通知，采购专户存款余额2 600元已经汇回，存入公司的银行存款账户。

要求：根据上述经济业务编制相关会计分录。

3. 众诚公司为增值税一般纳税人，2022年5月份发生下列有关信用卡存款的经济业务：

（1）2日，向银行申请领取信用卡，填写申请表并交存备用金20 000元，取得信用卡。

（2）8日，收到银行转来信用卡存款凭证及所附发票账单，招待费14 400元。

（3）30日，不再使用信用卡结算，办理销户手续，信用卡存款余额5 600元转回基本存款账户。

要求：根据上述经济业务编制相关会计分录。

项目综合训练

1.众诚公司为增值税一般纳税人，2022年7月份发生以下经济业务：

（1）2日，开出现金支票一张，从银行提取现金3 600元，并用现金支付行政部门水电费400元。

（2）4日，张明去北京采购材料，不方便携带现款，故委托当地银行汇款5 800元到北京开立的采购专户，并从财务部门预借差旅费2 000元，财务部门以现金支付。

（3）10日，张明返回，交回采购有关的供应单位发票账单，共支付材料款5 650元，其中，材料价款5 000元，增值税税额650元。材料已验收入库。张明报销差旅费2 200元，财务部门以现金补付余款。

（4）18日，收到上海甲公司上月所欠货款47 000元的银行转账支票一张，将支票和填制的进账单送交开户银行。

（5）25日，采购员张明持银行汇票一张前往深圳采购材料，汇票金额8 000元。购买材料时，实际支付材料价款6 000元，增值税税额780元。材料已验收入库。

（6）28日，张明返回，银行将汇票多余款项退回公司开户银行。

（7）30日，对现金进行清查，发现现金短缺600元。原因正在调查。

（8）31日，发现短缺的现金中有300元是由出纳人员小华工作失职造成的，应由其负责赔偿，另外300元没办法查清楚短缺原因，经批准转作管理费用。

（9）31日，与银行进行对账，银行对账单上的存款余额为31 170元，银行存款日记账余额为31 000元，经核对，发现以下未达账项：

①29日，公司委托银行代收款项2 000元，银行已收到入账，公司尚未收到入账通知。

②30日，银行代公司支付租金630元，尚未通知公司。

③30日，公司送存转账支票1 200元，并已登记银行存款增加，但银行尚未转账。

要求：编制本月经济业务相关分录，并编制“银行存款余额调节表”核对双方记账有无错误。

2.众诚公司为增值税一般纳税人，2022年6月份发生以下经济业务：

（1）3日，职工李元因公出差借差旅费1 800元，以现金支付。

（2）11日，开出现金支票，提取现金40 000元，备发工资。

（3）13日，以现金40 000元发放工资。

（4）15日，签发转账支票一张，金额为78 000元，用于支付展览摊位费。

（5）18日，收到销售产品的货款11 300元现金，当日送存银行。

（6）20日，采购员李元出差回来，报销差旅费1 600元，并结算借款。

（7）21日，委托开户银行将300 000元采购资金汇往珠海工商银行拱北支行开设的采购专户，收到银行盖章退回的信汇凭证（回单）。

（8）23日，向银行申请开立100 000元的银行本票一张。

（9）25日，购进材料一批，价款90 000元，增值税税额11 700元，以银行本票支付，不足部分开出转账支票支付，材料尚未入库。

（10）25日，采购员王华交来购买原材料的专用发票，价款250 000元，增值税税额32 500元，款项已从珠海采购专户支付，材料尚未入库。

（11）26日，清查库存现金时发现库存现金盘盈200元。

（12）30日，经调查，盘盈的现金中有150元是少付给项华公司的应付款，另有50元无法查明原因，经批准核销。

要求：根据上述经济业务编制相关会计分录。

项目三

应收及预付款项的核算

任务一　应收账款的核算

一、判断题（正确的打“√”，错误的打“×”）

1. 商业折扣和现金折扣都不影响应收账款的入账金额。（　　）

2. 不单独设置“预收账款”账户的企业，预收的款项也可以在“应收账款”账户核算。如果“应收账款”账户的期末余额在贷方，则反映企业预收的款项。（　　）

3. 应收账款是企业销售商品等尚未收到的款项，应以实际发出货物的时间作为其入账时间。（　　）

4. 只有当商品销售收入或提供劳务收入的确认条件满足而货款尚未收取时，才能确认为应收账款。（　　）

5. 在赊销的情况下，销售方为了鼓励债务人尽早付款而给予债务人的一种债务扣除，在会计上称为商业折扣。（　　）

二、不定项选择题（每题至少有一个正确答案，请将正确答案填在括号内）

1. 下列各项属于企业应收账款核算范围的是（　　）。

A. 应收的销货款　　B. 应收的职工借款
C. 应收外单位违约金　　D. 应收存出保证金

2. 下列各项应计入应收账款的是（　　）。

A. 销售商品的价款　　B. 销售商品的增值税
C. 代购货方垫付的运杂费　　D. 销售货物发生的商业折扣

3. 企业因销售商品发生的应收账款，其入账价值应当包括（　　）。

A. 销售商品的价款　　B. 增值税销项税额
C. 代购货方垫付的包装费　　D. 代购货方垫付的运杂费

4. 某企业采用托收承付结算方式销售一批商品，增值税专用发票注明的价款为1 000万元，增值税税额为130万元，销售商品为客户代垫运输费5万元，全部款项已办妥托收手续。该企业应确认的应收账款为（　　）万元。

A. 1 000　　B. 1 005　　C. 1 130　　D. 1 135

5. 某企业在2022年5月8日销售商品100件，增值税专用发票上注明的价款为20 000元，增值税税额为2 600元。企业为了及早收回货款而在合同中规定的现金折扣条件为“2/10、1/20、N/30”。假定计算现金折扣时不考虑增值税。如买方2022年5月14日付清货款，该企业实际收款金额应为（　　）元。

A. 22 532　　B. 22 600　　C. 23 166　　D. 22 200

三、核算与分析题

1. 某企业2022年6月发生以下经济业务：

（1）2日，销售B产品一批，增值税专用发票上注明价款30 000元，增值税税额3 900元，代购货单位垫付运杂费500元，已办妥托收手续。

（2）6日，销售B商品一批，由于是成批销售，给予购货方10%的商业折扣。增值税专用发票上注明价款80 000元，增值税税额10 400元。

（3）18日，向甲公司销售A商品一批，增值税专用发票上注明价款40 000元，增值税税额5 200元。合同规定现金折扣条件为“2/10、N/30”，商品已发出，并办妥托收手续。本企业估计甲公司不可能在10天内付款。

（4）25日，收到甲公司开来的转账支票一张，支付其18日购买A商品的价税款。根据合同规定，按售价的2%给予其现金折扣，支票已送交银行办理转账。

要求：根据上述经济业务编制相关会计分录。

2.某企业2022年6月1日销售产品一批，该产品价格（不含税）为100 000元，增值税税率13%，现金折扣条件为“2/10、N/30”。本企业估计客户很可能在10天内付款。计算折扣时不考虑增值税。

要求：

（1）客户于第3天付款，编制企业销售商品并收到款项存入银行的会计分录。

（2）如果客户第18天付款，则收到货款时的会计分录如何编制？

任务二　应收票据的核算

一、判断题（正确的打“√”，错误的打“×”）

1.应收票据是指企业因销售商品、提供劳务等而收到的银行汇票。（　　）

2.银行承兑汇票的出票人于汇票到期前未能足额交存票款的，承兑银行则不能向持票人支付款项。（　　）

3.企业收到的银行承兑汇票，若到期付款人无力支付，应将应收票据的账面余额转作应收账款。（　　）

4.应收票据取得时应按其票面金额入账，票面金额包括销售收入、增值税、代垫的各种款项等。（　　）

5.应收票据贴现，其实是企业的一种融资行为。（　　）

二、不定项选择题（每题至少有一个正确答案，请将正确答案填在括号内）

1.下列各种票据到期时，应通过应收票据核算的是（　　）。

A.商业承兑汇票　　B.支票

C.银行承兑汇票　　D.银行本票

2.某企业销售商品时收到一张期限为6个月的带息商业承兑汇票，票面金额为100万元，票面年利率为4%。该票据到期时，企业应收到的金额为（　　）万元。

A.100　　B.102　　C.104　　D.140

3.应收票据终止确认时，对应的会计账户可能是（　　）。

A.财务费用　　B.原材料　　C.银行存款　　D.应收账款

4.下列各项因素影响带息商业汇票到期值大小的是（　　）。

A.贴现利率　　B.票据期限　　C.票面利率　　D.票据面值

5.未贴现的商业承兑汇票到期，如果付款人无力支付票据，收款企业应（　　）。

A.借记“应收账款”账户，贷记“应收票据”账户

B.借记“应收账款”账户，贷记“应付票据”账户

C.借记“应收票据”账户，贷记“应收账款”账户

D.借记“应付票据”账户，贷记“应收账款”账户

三、核算与分析题

1.甲企业2021年10月30日销售产品一批，价款100万元，增值税税率13%，产品已经发出，次日收到带息商业承兑汇票一张，年利率4%，期限6个月。甲企业于2022年2月9日将票据贴现，贴现率6%。应收票据年末计算利息。

要求：编制销售产品、年末计息和票据贴现的会计分录。

2.A企业2022年发生下列经济业务：

（1）向B单位销售产品，货款2万元，增值税税额0.26万元，共计2.26万元。取得不带息商业承兑汇票一张，面值2.26万元。

（2）向C公司销售产品，货款6万元，增值税税额0.78万元，共计6.78万元。取得期限为3个月的带息银行承兑汇票一张，出票日期为2022年11月1日，票面利率为10%。

（3）B单位出具的商业汇票到期，企业收回货款2.26万元，存入银行。

（4）向D公司销售产品，货款4万元，增值税税额0.52万元，共计4.52万元。取得期限为2个月的带息商业承兑汇票一张，出票日期为2022年12月1日，票面利率为9%。

（5）2022年12月31日，计提C公司和D公司商业汇票利息。

（6）向C公司销售产品收到的银行承兑汇票到期，企业收回款项，面值6.78万元，利息0.169 5万元，共计6.949 5万元。

（7）向D公司销售产品收到的商业承兑汇票到期，D公司无力偿还票款。该票据面值4.52万元，票据到期利息678元，共计4.587 8万元。

（8）企业将持有的账面价值为1.13万元的商业汇票背书转让，以取得货款为1万元、增值税税额为1 300元的材料。材料已验收入库。

要求：根据上述经济业务编制相关会计分录。

任务三　预付账款的核算

一、判断题（正确的打“√”，错误的打“×”）

1.预付账款属于企业的资产，核算的是企业销售货物预先收到的款项。（　　）

2.企业的预付账款若有确凿证据表明其不符合预付账款的性质，应将原计入预付账款的金额转入应收账款。（　　）

3.企业采用预付货款方式采购材料，当收到所购材料进行价款结算时，应将应付的全部价税款冲减“预付账款”账户。（　　）

4.收到退回的多预付的款项时，应借记“银行存款”账户，贷记“预付账款”账户。（　　）

5.若企业预付账款所属明细账期末为贷方余额，在编制会计报表时，应将该预付账款所属明细账的借方余额合计减去所属明细账的贷方余额合计后的差额列报于资产负债表“预付款项”项目。（　　）

二、不定项选择题（每题至少有一个正确答案，请将正确答案填在括号内）

1.预付款项情况不多的企业，可以不设置“预付账款”账户。预付货款时，借记的会计账户是（　　）。

A.“应收账款”　B.“应收票据”　C.“其他应收款”　D.“应付账款”

2.下列各项关于“预付账款”账户的表述，正确的是（　　）。

A.“预付账款”属于资产性质的账户

B.预付货款不多的企业，可以不单独设置“预付账款”账户，将预付的货款记入“应付账款”账户的借方

C.“预付账款”账户贷方余额反映的是应付供应单位的款项

D.“预付账款”账户核算企业因销售业务产生的往来款项

3.企业预付的账款可以借记的账户是（　　）。

A.“应收账款”　B.“银行存款”　C.“预付账款”　D.“应付账款”

4.飞达公司采用预付款方式向A公司采购原材料，已预付货款12 000元，材料全部价款20 000元，增值税税额2 600元，共计22 600元，材料已验收入库，应做的会计分录是（　　）。

A.借：原材料　20 000
　　应交税费——应交增值税（进项税额）　2 600
　　贷：银行存款　22 600

B.借：原材料　20 000
　　应交税费——应交增值税（进项税额）　2 600
　　贷：预付账款　22 600

C. 借：预付账款　　20 000
　　应交税费——应交增值税（进项税额）　　2 600
　　贷：银行存款　　22 600

D. 借：原材料　　20 000
　　应交税费——应交增值税（进项税额）　　2 600
　　贷：预付账款　　12 000
　　　　银行存款　　10 600

5. 一般纳税人采用预付款方式采购材料，价款结算完毕补付款项时，应做的会计分录是（　　）。

A. 借：原材料
　　应交税费——应交增值税（进项税额）
　　贷：银行存款

B. 借：预付账款
　　应交税费——应交增值税（进项税额）
　　贷：银行存款

C. 借：预付账款
　　贷：银行存款

D. 借：银行存款
　　贷：预付账款

三、核算与分析题

1. 某企业发生经济业务：

（1）8月7日，从乙公司购入A商品一批，价款20万元，增值税税额2.6万元，双方约定预付价税款的50%，余额在收货后一次支付。

（2）9月12日，收到A产品，并验收入库。

（3）9月15日，开出转账支票支付A产品剩余货款。

要求：编制预付货款、收到货物、结算货款的会计分录。

2. 甲公司委托某工程公司完成了一项总价为50万元的工程，前期预付15万元，工程完工结算后支付总价款的90%，另外的10%作为质保金，待一年后付清。

要求：根据上述资料编制相应的会计分录。

任务四　其他应收款的核算

一、判断题（正确的打“√”，错误的打“×”）

1. 企业销售商品时代垫的运杂费应记入“其他应收款”账户。（　　）

2. 甲公司以现金为总经理垫付应由个人负担的医疗费5 000元，拟从工资中扣回，垫支时应记入“其他应收款”账户的借方。（　　）

3. 租入包装物按期如数退回，甲公司收到出租方退还的押金1 000元，存入银行，应借记“其他应收款”账户，贷记“银行存款”账户。（　　）

4. 收取的各种押金，应通过“其他应收款”账户核算。（　　）

5. 企业采用定额备用金制度，采购员出差报销时应贷记“其他应收款”账户。（　　）

二、不定项选择题（每题至少有一个正确答案，请将正确答案填在括号内）

1. 下列各项应通过“其他应收款”账户核算的是（　　）。

A. 应收保险公司的赔款　　B. 代购货单位垫付的运杂费

C. 应收出租包装物租金　　D. 应向职工收取的各种垫付款

2. 2022年4月2日，某企业高管出差预借差旅费10 000元，以库存现金支付。10日高管出差归来，报销差旅费9 000元，将剩余现金交回。下列各项处理不正确的是（　　）。

A. 借：管理费用　10 000
　　贷：库存现金　10 000

B. 借：其他应收款　10 000
　　贷：库存现金　10 000

C. 借：管理费用　9 000
　　　库存现金　1 000
　　贷：其他应收款　10 000

D. 借：销售费用　9 000
　　贷：库存现金　9 000

3.下列各项可以在“其他应收款”账户中核算的是（　　）。

A.应收的经营租赁租金　　B.存出保证金

C.备用金　　D.预付账款转入

4.企业进行材料清查时，对于盘亏的材料，应先记入“待处理财产损溢”账户，待报经批准后，由过失人赔偿的损失记入的账户是（　　）。

A.“管理费用”　　B.“其他应收款”

C.“营业外支出”　　D.“销售费用”

5.下列各项属于“其他应收款”账户核算内容的是（　　）。

A.应收销货款　　B.预付购货款　　C.应收票据　　D.应收的各种赔款

三、核算与分析题

1.某企业“其他应收款”账户期初余额为借方25 000元，本期支付存出保证金10 000元，支付张红预借差旅费10 000元，采用定额备用金制度的一车间前来报销办公费用15 000元，出差人员李明报销差旅费并退回多余预支款1 000元（原预借8 000元）。

要求：

（1）根据上述资料编制相应的会计分录。

（2）计算该企业“其他应收款”账户的期末余额。

2.正保公司维修科采用定额备用金制度，金额为18 000元。5月14日用现金2 800元购买零配件，次日到财务科报销。

要求：根据上述资料编制相应的会计分录。

3.采购员王某出差预借差旅费5 000元，报销5 400元，报销时财务科以现金补足差额。

要求：根据上述资料编制相应的会计分录。

任务五　预期信用损失的核算

一、判断题（正确的打“√”，错误的打“×”）

1.企业在确定应收款项减值的核算方法时，应根据本企业实际情况，按照成本效益原则，在备抵法和直接转销法之间合理选择。（　　）

2.已转销的坏账当期又收回，应记入“坏账准备”账户的贷方。（　　）

3.企业应收款项发生减值时，应将该应收款项账面价值高于预计未来现金流量现值的差额，确认为减值损失，计入当期损益。（　　）

4.企业已计提坏账准备的应收账款确实无法收回，按管理权限报经批准作为坏账转销时，应借记“信用减值损失”账户，贷记“坏账准备”账户。（　　）

5.应收账款的账面价值为应收账款的账面余额减去相应的坏账准备贷方余额后的净额。（　　）

二、不定项选择题（每题至少有一个正确答案，请将正确答案填在括号内）

1.2022年年初，某公司“坏账准备——应收账款”账户贷方余额为3万元，3月20日收回已核销的坏账12万元并入账，12月31日“应收账款”账户余额为220万元（所属明细科目均为借方余额），预计未来现金流量现值为200万元，不考虑其他因素，2021年年末该公司应计提的坏账准备金额为（　　）万元。

A.17　　B.29　　C.20　　D.5

2.企业已计提坏账准备的应收账款确实无法收回，按管理权限报经批准作为坏账转销时，应编制的会计分录是（　　）。

A.借记“信用减值损失” 账户，贷记“坏账准备”账户

B.借记“管理费用”账户，贷记“应收账款”账户

C.借记“坏账准备”账户，贷记“应收账款”账户

D.借记“坏账准备”账户，贷记“信用减值损失”账户

3.下列各项会导致企业应收账款账面价值减少的是（　　）。

A.备抵法下转销无法收回的应收账款

B.收回应收账款

C.计提应收账款坏账准备

D.收回已核销的应收账款

4.企业在连续提取坏账准备的情况下，“坏账准备”账户在期末结账前如为贷方余额，其反映的内容是（　　）。

A.企业已提取但尚未转销的坏账准备数额

B.上年末坏账准备的余额小于本年确认的坏账损失部分

C.已经发生的坏账损失

D.本年冲减的坏账准备金额

5.某企业2021年起采用账龄分析法计提坏账准备，2021年年末应收账款余额500万元，其中：未到期应收账款200万元，计提坏账准备比例为1%；逾期应收账款300万元，计提坏账准备比例为5%。2022年上半年确认坏账损失3万元，下半年收回已作为坏账处理的应收账款2万元，2022年年末应收账款余额400万元，其中未到期应收账款和逾期应收账款各200万元。假定坏账准备计提比例同上年一致，该企业2022年年末坏账准备处理正确的是（　　）。

A.计提17万元

B.冲减4万元

C.计提10万元

D.计提3万元

三、核算与分析题

1.某企业采用应收账款余额百分比法提取坏账准备，坏账准备的提取比例为0.5%。2020年年末应收账款余额为1 000 000元，2021年发生坏账损失9 000元，2021年年末应收账款余额为1 600 000元。2022年5月，2021年确认的坏账又收回5 000元，2022年年末应收账款余额为2 000 000元。

要求：根据上述资料编制相应的会计分录。

2.2022年12月，A公司发生下列经济业务：

（1）A公司2022年12月1日应收B公司账款期初余额为125万元，其坏账准备贷方余额为5万元。

（2）12月5日，向B公司销售产品110件，单价1万元，增值税税率13%，单位销售成本0.8万元，未收款。

（3）12月25日，因产品质量原因，B公司要求退回本月5日购买的10件商品，A公司同意B公司退货，并办理退货手续和开具红字增值税专用发票。A公司已收到B公司退回的商品。

（4）12月26日，应收B公司账款发生坏账损失2万元。

（5）12月28日，收回已确认应收B公司账款的坏账1万元，存入银行。

（6）2022年12月31日，A公司对应收B公司账款进行减值测试，确定的坏账准备计提比例为5%。

要求：根据上述资料编制A公司相应的会计分录。

项目综合训练

1. 2022年甲公司发生下列经济业务：

（1）5月1日，销售给A公司产品一批，价款50 000元，增值税税额6 500元，收到商业承兑汇票一张，面值56 500元，出票日为2022年5月1日，期限为3个月。

（2）4月20日，销售给B公司产品一批，价款为60 000元，增值税税额7 800元。现金折扣条件为“2/10、N/30”。甲公司估计不可能在10天内收回货款。

（3）5月20日，收到B公司面值为67 800元、票面利率为5%、期限为3个月的带息商业承兑汇票偿付上述货款和增值税（该企业中期期末不计提利息）。

（4）6月5日，因A公司银行存款不足，无法兑付其开具的面值为56 500元、期限为3个月、出票日为5月1日的商业承兑汇票。

（5）6月20日，甲公司将B公司的商业承兑汇票向银行贴现，银行年贴现率为7%。

（6）10月1日，销售给C单位商品一批，货款为40 000元，增值税税额5 200元，收到一张面值为45 200元、出票日为10月1日、期限为6个月、利率为6%的银行承兑汇票。

（7）2022年年末，将面值为45 200元、出票日为10月1日、期限为6个月、利率为6%的C单位银行承兑汇票计提利息。

要求：根据上述经济业务编制甲公司相关会计分录。

2.甲公司为增值税一般纳税人，销售商品为主营业务，增值税税率为13%。2022年12月1日，甲公司“应收账款”科目借方余额为500万元，“坏账准备”科目贷方余额为25万元。甲公司通过对应收账款的信用风险进行分析，确定坏账准备的计提比例为期末应收账款余额的5%。2022年12月，甲公司发生下列与应收账款相关的经济业务：

（1）12月1日，向乙企业赊销一批商品，按商品价目表标明的价格计算的金额为1 000万元（不含增值税），由于是成批销售，甲公司给予乙企业10%的商业折扣，该销售符合收入确认条件。甲公司为了及早收回货款而在合同中规定的现金折扣条件为“2/10、1/20、N/30”。假定计算现金折扣不考虑增值税。甲公司估计不可能在20天内收回货款。

（2）12月8日，收到乙企业的货款并存入银行。

（3）12月15日，一客户破产，根据清算程序，有50万元应收账款不能收回，确认为坏账。

（4）12月20日，收到已作为坏账转销的应收账款20万元，存入银行。

（5）12月30日，向丙企业赊销一批商品，增值税专用发票上注明的售价为100万元，增值税税额为13万元，符合销售收入确认条件。现金折扣条件同上述资料。至12月末款项尚未收回。

要求：根据上述资料，回答下列第（1）—（5）小题。

（1）12月1日，下列各项处理正确的是（　　）。

A.应确认收入900万元

B.应确认收入1 000万元

C.增加应收账款1 017万元

D.增加财务费用20万元

（2）12月8日，下列各项处理正确的是（　　）。

A.应确认收入 882万元

B.冲减收入18万元

C.实际收到1 012万元

D.实际收到999万元

（3）12月15日，对不能收回的应收账款的账务处理不正确的是（　　）。

A.借：营业外支出　　500 000

　　贷：应收账款　　500 000

B.借：坏账准备　　500 000

　　贷：应收账款　　500 000

C.借：坏账准备　　500 000

　　贷：信用减值损失　　500 000

D.借：营业外支出　　500 000

　　贷：坏账准备　　500 000

（4）12月20日，收回已作为坏账转销的应收账款，下列各项账务处理正确的是（　　）。

A.借：银行存款　200 000

　　贷：应收账款　　200 000

B.借：应收账款　200 000

　　贷：坏账准备　　200 000

C.借：坏账准备　　200 000

　　贷：信用减值损失　200 000

D.借：坏账准备　200 000

　　贷：营业外支出　200 000

（5）12月末，应计提的坏账准备金额为（　　）万元。

A.28.15　　B.3.15　　C.53.15　　D.54.15

项目四

交易性金融资产的核算

任务一　交易性金融资产的初始计量

一、判断题（正确的打“√”，错误的打“×”）

1. 取得交易性金融资产发生的相关交易费用，如支付给代理机构、咨询公司、券商等的手续费和佣金及其他必要支出，应当在发生时计入交易性金融资产的成本。（　　）

2. 交易性金融资产在初始确认时应按其公允价值计量，交易费用则直接计入当期损益。（　　）

3. 收到购买交易性金融资产时支付的价款中包含的已到付息期但尚未领取的利息，应计入当期损益。（　　）

4. 短期内准备出售的股票可以确认为交易性金融资产。（　　）

5. 取得交易性金融资产时，支付的款项中包含的已宣告但尚未领取的现金股利应单独作为应收项目进行核算，不计入相关资产成本中。（　　）

二、不定项选择题（每题至少有一个正确答案，请将正确答案填在括号内）

1. 企业取得交易性金融资产时，按其（　　）借记“交易性金融资产（成本）”账户。

A. 历史成本　　B. 公允价值

C. 重置成本　　D. 实际支付的全部价款

2. 下列各项不应计入交易性金融资产入账价值的是（　　）。

A. 支付的税金

B. 支付的手续费或佣金

C. 支付的已到付息期但尚未领取的利息

D. 支付的已宣告但尚未发放的现金股利

3. 下列各项应划分为交易性金融资产的是（　　）。

A. 以赚取差价为目的从二级市场购入的股票

B. 以赚取差价为目的从二级市场购入的债券

C. 以赚取差价为目的从二级市场购入的基金

D. 从二级市场购入的准备长期持有的股票

4. 交易费用是指可直接归属于购买、发行或处置金融工具新增的外部费用。它包括（　　）。

A. 支付给代理机构的手续费　　B. 支付给券商等的佣金

C. 支付给咨询公司的手续费　　D. 支付的债券溢价

5. 下列各项表述正确的是（　　）。

A. 交易性金融资产属于无形资产

B. 交易性金融资产流动性弱于存货

C.交易性金融资产属于流动资产

D.为了控制被投资企业而持有的股票可以确认为交易性金融资产

三、核算与分析题

1.2022年1月10日，信达公司按每股3.8元的价格购入每股面值1元的B公司股票20 000股作为交易性金融资产，并支付交易费用600元。每股买价中包含0.2元已宣告但尚未发放的现金股利，该股利2月15日发放。

要求：编制信达公司下列有关的会计分录：

（1）2022年1月10日，购入股票；

（2）2022年2月15日，收到现金股利。

2.2022年1月1日，四达公司购入A公司发行的公司债券，并划分为交易性金融资产。四达公司一共支付价款102 500元，其中包含交易费用500元以及已到付息期但尚未领取的利息2 000元。该债券于2021年7月1日发行，债券面值100 000元，票面年利率4%，每半年付息一次。1月10日，四达公司收到2 000元利息。

要求：根据上述资料编制四达公司有关的会计分录：

（1）2022年1月1日购入债券；

（2）2022年1月10日收到债券利息。

任务二　交易性金融资产的后续计量

一、判断题（正确的打“√”，错误的打“×”）

1. 交易性金融资产持有期间被投资单位宣告发放的现金股利，应冲减交易性金融资产的成本。（　）

2. 会计期末，如果交易性金融资产的成本高于市价，应该计提交易性金融资产跌价准备。（　）

3. “交易性金融资产”账户的期末借方余额反映企业持有的交易性金融资产的成本与市价孰低值。（　）

4. 交易性金融资产期末应当以公允价值计量，公允价值的变动应当计入当期损益。（　）

5. 交易性金融资产由于采用公允价值计量，所以期末不应对其进行有关减值的核算。（　）

二、不定项选择题（每题至少有一个正确答案，请将正确答案填在括号内）

1. 交易性金融资产在持有期间所获得的利息，应记入的账户是（　）。

A. “投资收益”　B. “财务费用”　C. “短期投资”　D. “其他应收款”

2. 下列各项不属于“交易性金融资产”账户借方登记内容的是（　）。

A. 交易性金融资产的取得成本

B. 资产负债表日交易性金融资产的公允价值高于其账面余额的差额

C. 取得交易性金融资产所发生的相关交易费用

D. 资产负债表日交易性金融资产的公允价值低于其账面余额的差额

3. 下列各项对“交易性金融资产”账户的叙述错误的是（　）。

A. 会计年度结束时，应将该账户的余额结转至“公允价值变动损益”账户，以便在利润表中披露

B. 该账户借方登记交易性金融资产的取得成本

C. 该账户贷方登记资产负债表日交易性金融资产的公允价值低于账面余额的差额

D. 该账户一般按类别和品种设置“成本”“公允价值变动”等明细账

4. 交易性金融资产应当以公允价值进行后续计量，公允价值变动记入的账户是（　）。

A. “营业外支出”　B. “投资收益”

C. “公允价值变动损益”　D. “资本公积”

5. 下列各项关于交易性金融资产计量的表述，错误的是（　）。

A. 资产负债表日，企业应将交易性金融资产的公允价值变动记入“其他综合收益”账户

B.资产负债表日，企业应将交易性金融资产的公允价值变动记入“公允价值变动损益”账户

C.企业应当将取得时交易性金融资产的公允价值和相关交易费用之和作为初始确认金额

D.企业应当将取得时交易性金融资产的公允价值作为初始确认金额，相关交易费用在发生时计入当期损益

三、核算与分析题

1.2022年4月8日，A公司从二级市场购入某公司股票10 000股，将其划分为交易性金融资产。交易当天，该股票市值为每股10.3元（含已宣告但尚未发放的股利0.5元），另支付相关税费4 500元。6月30日，该股票价格上涨，每股10.8元。12月31日，该股票价格下跌，每股8.5元。

要求：根据上述经济业务编制A公司下列相关会计分录。

（1）4月8日购入股票时；

（2）6月30日股票价格上涨时；

（3）12月31日股票价格下跌时。

2.2022年1月1日，A公司购入甲公司发行的债券并将其划分为交易性金融资产。该债券面值1 000 000元，票面年利率6%，剩余2年，每半年计息一次。取得时，A公司支付价款1 130 000元（含已到付息期但未领取的利息30 000元），另支付相关税费20 000元。1月5日，A公司收到利息30 000元。6月30日，该债券公允价值为980 000元（含利息）。7月5日，收到2022年上半年利息。

要求：根据上述经济业务编制A公司下列相关会计分录。

（1）1月1日购入债券时；

（2）1月5日收到利息时；

（3）6月30日计提应收前半年利息及调整债券的账面价值；

（4）7月5日收到6月30日计提的应收利息时。

任务三 交易性金融资产处置的核算

一、判断题（正确的打“√”，错误的打“×”）

1.出售交易性金融资产时，确认的投资收益一定是取得价款和交易性金融资产账面价值的差额。（ ）

2.企业出售交易性金融资产时，应将其出售时实际收到的款项与其账面余额的差额计入当期投资收益，同时将原计入该金融资产的公允价值变动计入当期投资收益。（ ）

3.企业将作为交易性金融资产的有价证券投资转让出去时，必然能够获得数额不等的收益。（ ）

4.交易性金融资产的投资损益只能在交易性金融资产处置时确认。（ ）

5.“公允价值变动损益”账户为损益类账户，核算企业处置交易性金融资产时应计入当期损益的金额。（ ）

二、不定项选择题（每题至少有一个正确答案，请将正确答案填在括号内）

1.企业持有交易性金融资产期间取得的现金股利，应当在现金股利宣告发放日确认并记入的账户是（ ）。

A.“交易性金融资产” B.“投资收益”

C.“公允价值变动损益” D.“资本公积”

2.下列各项会引起交易性金融资产账面余额发生变化的是（ ）。

A.收到原计入应收利息的交易性金融资产的利息

B.期末交易性金融资产的公允价值高于其账面余额的差额

C.期末交易性金融资产的公允价值低于其账面余额的差额

D.出售交易性金融资产

3.企业出售交易性金融资产，会计上应将原记入“公允价值变动损益”账户的金额转入当期“投资收益”账户，这样会使得当期损益（ ）。

A.增加

B.减少

C.不变

D.该事项属于当期损益内部项目同等金额的一增一减

4.甲公司出售了持有的乙公司划分为交易性金融资产的股票，售价为2 500万元，出售时“交易性金融资产——成本”账户借方余额为2 400万元，“交易性金融资产——公允价值变动”账户借方余额为5万元，出售时影响利润的金额为（ ）万元。

A.95 B.5 C.100 D.105

5.2021年1月1日，甲公司购入面值为1 200万元、票面利率为4%的债券，甲公司将其划分为交易性金融资产，支付价款1 500万元，支付的价款中包含已到付息期但尚未领取的债券利息48万元，另支付交易费用10万元。2021年12月31日，该交易性金融资产的公允价值为1 550万元。2022年1月6日，收到2021年度的利息48万元。2022年3月1日，甲公司将该交易性金融资产出售，售价为1 600万元。则甲公司从购入该债券到出售该债券累计确认的投资收益为（　　）万元。

A.156　　B.176　　C.186　　D.234

三、核算与分析题

1.2022年3月5日，A公司购入股票一批，将其划分为交易性金融资产。该股票交易日市值为100 000元。A公司另按市值的5%支付相关交易费用。6月30日，该股票市值为115 000元。8月10日A公司将该股票全部出售，收入120 000元。转让金融商品应交增值税税率为6%。

要求：

（1）计算6月30日该股票公允价值变动损益；

（2）编制A公司出售股票的相关会计分录。

2.2022年4月13日，甲公司支付价款1 060 000元从二级市场购入乙公司发行的股票100 000股，每股价格10.6元（含已宣告但尚未发放的现金股利0.6元），另支付交易费用1 000元。甲公司将持有的乙公司股票划分为交易性金融资产，且持有乙公司股权后对其无重大影响，甲公司其他相关资料如下：

（1）4月23日，收到乙公司发放的现金股利；

（2）5月31日，乙公司股票价格涨到每股13元；

（3）6月15日，将乙公司股票全部售出，每股售价15元。

要求：

（1）编制甲公司从取得乙公司股票到出售乙公司股票的相关会计分录；

（2）假定甲公司2022年6月份除了出售其持有的乙公司股票外，没有转让其他金融资产，转让金融资产的增值税税率为6%，计算甲公司6月份转让金融商品应交增值税金额并编制相关会计分录。

项目综合训练

1.2022年5月10日，甲公司在二级市场上以620万元（含已宣告但尚未发放的现金股利20万元）购入A公司股票200万股作为交易性金融资产，另支付手续费6万元。5月30日，甲公司收到现金股利20万元。6月30日，该股票每股市价为3.2元。8月10日，A公司宣告分派现金股利，每股0.20元。8月20日，甲公司收到分派的现金股利。至2022年12月31日止，甲公司仍持有该交易性金融资产，期末每股市价为3.6元。2023年1月3日，甲公司以630万元出售其持有的全部A公司股票。假定甲公司每年6月30日和12月31日对外提供财务会计报告。

要求：

（1）根据上述经济业务编制甲公司从购入到出售股票的相关会计分录。

（2）计算该交易性金融资产的累计损益。

（3）假定2023年1月甲公司除上述业务以外没有转让其他金融资产，计算转让A公司股票应缴纳的增值税并编制相关的会计分录。

2.A公司2022年4月5日从证券市场购入C公司于2022年1月1日发行的3年期债券，该债券面值总额为500 000元，票面利率为3%，每半年计息一次，在每年1月5日和7月5日支付上期利息。A公司支付该批债券的买价为400 000元，另外又支付相关交易费用1 000元。2022年6月30日，该批债券价格为350 000元（不含利息）。2022年7月5日，A公司收到该批债券1月至6月的利息7 500元。2022年12月31日，该批债券价格为480 000元（不含利息）。2023年1月4日，A公司出售该批债券的一半，出售价格为250 000元（其中包含应收利息）。

要求：

（1）编制A公司购入债券的会计分录。

（2）编制A公司2022年6月30日该债券价格降低的会计分录。

（3）编制A公司2022年6月30日计提债券利息的会计分录。

（4）编制A公司2022年7月5日收到债券利息的会计分录。

（5）编制A公司2022年12月31日计提债券利息的会计分录。

（6）编制A公司2022年12月31日该债券价格上涨的会计分录。

（7）编制A公司2023年1月4日出售该批债券的会计分录。

项目五

存货的核算

任务一　原材料的核算

一、判断题（正确的打“√”，错误的打“×”）

1.凡是在盘存日，法定所有权属于企业的一切为销售或耗用而储存的资产，不管其存放地点如何，都是企业的存货。（　）

2.公司购入存货应负担的价内税均不构成存货的实际成本，而负担的价外税均构成存货的实际成本。（　）

3.公司采购材料发生的合理损耗，应冲减材料的采购成本。（　）

4.存货发出计价方法的选择直接影响着资产负债表中资产总额的多少，而与利润表中净利润的大小无关。（　）

5.在物价波动频繁的情况下，采用先进先出法确定的期末存货成本比较接近当前的成本水平。（　）

6.采用全月一次加权平均法对存货计价，当物价上升时，加权平均成本将会小于现行成本；当物价下降时，加权平均成本将大于现行成本。（　）

7.公司采用计划成本进行材料的日常核算，月末分摊材料成本差异时，无论是超支差异还是节约差异，均在“材料成本差异”账户的贷方登记。（　）

8.采购材料在运输途中发生的一切损耗，均应计入购进材料的采购成本中。（　）

9.企业在月末分配当月形成的材料成本差异，可以采用本月或上月的材料成本差异率。（　）

10.已经销售但购货方尚未提取的商品不属于销货方的存货。（　）

二、不定项选择题（每题至少有一个正确答案，请将正确答案填在括号内）

1.下列各项中，应作为原材料进行核算和管理的是（　）。

A.原料及主要材料　　B.修理用备件

C.工程物资　　D.包装材料

2.下列各项中，包括在存货成本中的是（　）。

A.采购成本　　B.运输途中的合理损耗

C.运输费　　D.入库前的挑选整理费用

3.甲企业为增值税一般纳税人，本月购进原材料200千克，货款6 000元，增值税税额780元；发生保险费350元，入库前的挑选整理费用130元；验收入库时发现数量短缺10%，经查属于运输途中合理损耗。甲企业该批原材料的实际单位成本是（　）元。

A. 36　　B. 32.4　　C. 30　　D. 33.33

4.下列各项中，存货发出的计价方法包括（　）。

A.先进先出法　　B.全月一次加权平均法

C.个别计价法　　D.一次摊销法

5.下列各项中，发出存货按先进先出法计价，其特点是（　　）。

A.发出存货的成本比较接近市价　　B.可以随时结出发出存货的成本

C.物价持续上涨时，使利润虚高　　D.期末结存存货的成本与市价比较接近

6.下列各项中，“材料成本差异”账户的贷方登记的是（　　）。

A.收入材料转入的节约差异　　B.收入材料转入的超支差异

C.发出材料负担的节约差异　　D.发出材料负担的超支差异

7.某公司购进材料一批，已验收入库，但到月终时结算凭证仍未到，货款尚未支付。下列各项处理正确的是（　　）。

A.材料验收入库时只登记原材料明细账

B.月末按照暂估价入账

C.下月初冲回上月末作的会计分录

D.待下月收到结算凭证并支付货款时入账

8.某公司外购材料验收入库时发现的短缺和毁损，如属途中合理损耗，应作的处理是（　　）。

A.若未付款应拒付货款

B.若已付款应向供应单位索赔

C.列入营业外支出

D.相应提高入库材料的单位成本，不再另作账务处理

9.某企业采用先进先出法计算发出原材料的成本。2022年9月1日，甲材料结存200千克，每千克实际成本为300元；9月7日购入甲材料350千克，每千克实际成本为310元；9月21日购入甲材料400千克，每千克实际成本为290元；9月28日发出甲材料500千克。9月份甲材料发出成本为（　　）元。

A.145 000　　B. 150 000　　C. 153 000　　D.155 000

10.某企业月初“原材料”账户借方余额24万元，“材料成本差异”账户贷方余额0.3万元；本月入库原材料的计划成本为176万元，入库材料为超支差异4.3万元；发出材料的计划成本为150万元，则本月发出材料应负担的材料成本差异为（　　）万元。

A.3　　B.3.45　　C.−3　　D.−3.45

三、核算与分析题

1.众诚公司为增值税一般纳税人，材料按实际成本计价核算。该公司2022年7月份发生以下经济业务：

（1）1日，将上月末已验收入库但尚未付款的以暂估价入账的材料冲回，金额为75 000元。

（2）5日，上月已付款的在途A材料已验收入库，A材料成本为50 000元。

（3）8日，向甲公司购入A材料，增值税专用发票上列示价款100 000元、增值税税额13 000元，运输费用1 500元、增值税税额135元。公司签发并承兑一张票面金额为114 635元、2个月期的商业承兑汇票结算材料款项，材料已验收入库。

（4）9日，按照合同约定，向乙公司预付购料款75 000元，已开出转账支票支付。

（5）11日，向丙公司采购B材料，增值税专用发票上列示货款30 000元、增值税税额3 900元，款项33 900元已用银行本票存款支付，材料已验收入库。

（6）25日，用预付款方式向乙公司采购的B材料已验收入库，增值税专用发票上列示价款70 000元，增值税税额9 100元，即开出一张转账支票补付货款4 100元。

（7）30日，向甲公司购买A材料，材料已验收入库，但结算单据仍未到达，按暂估价60 000元入账。

（8）31日，根据发料凭证汇总表，本月基本生产车间领用原材料423 000元，车间一般性消耗领用80 500元，厂部管理部门领用78 600元。

要求：根据上述经济业务编制相关会计分录。

2.众诚公司为增值税一般纳税人，材料按实际成本计价核算。2022年7月1日结存A材料1 000千克，单位成本50元/千克。7月份A材料的收发业务如下：

（1）5日，从外地购入A材料5 000千克，增值税专用发票列示价款235 600元、增值税税额30 628元，运输费2 000元、增值税税额180元。A材料验收入库时实收4 950千克，短缺50千克属定额内合理损耗。

（2）8日，生产领用A材料2 800千克。

（3）12日，在本市购入A材料3 000千克，价款145 500元、增值税税额18 915元，材料已验收入库。

（4）15日，生产领用A材料3 600千克。

（5）20日，从外地某公司购入A、B两种材料，增值税专用发票列示：A材料2 500千克，单价45.70元/千克，价款114 250元、增值税税额14 852.5元；B材料2 500千克，单价100元/千克，价款250 000元、增值税税额32 500元。另外，取得运输费增值税专用发票：运费1 500元、增值税税额135元。两种材料已验收入库，运费按材料的重量分配。

（6）24日，生产领用A材料4 000千克。

要求：

（1）计算购入的各批A材料的实际总成本和单位成本。

（2）分别按先进先出法、一次加权平均法列式计算7月份发出A材料的实际成本和月末A材料的结存成本。

3. 诚志公司为增值税一般纳税人，材料按计划成本计价核算。该公司2022年6月初结存原材料的计划成本为100 000元，本月购入材料的计划成本为200 000元，本月发出材料的计划成本为160 000元，其中生产车间直接耗用100 000元，管理部门耗用60 000元。材料成本差异的月初数为2 000元（超支），本月收入材料的成本差异为4 000元（超支）。

要求：

（1）计算材料成本差异率。

（2）计算发出材料应负担的成本差异。

（3）计算发出材料的实际成本。

（4）计算结存材料的实际成本。

（5）编制领用材料以及期末分摊材料成本差异的会计分录。

4.诚志公司为增值税一般纳税人，材料按计划成本计价核算。该公司2022年7月初“原材料”账户借方余额为135 000元，“材料成本差异”账户借方余额为11 961.40元。7月份发生以下经济业务：

（1）4日，甲公司上月采购的在途A材料已到达并验收入库，该批材料的实际成本为75 400元，计划成本为77 700元。

（2）10日，向乙公司采购A材料，增值税专用发票列示价款110 000元、增值税税额14 300元，运费1 600元、增值税税额144元。货款已用银行存款支付，材料已验收入库，计划成本为110 000元。

（3）12日，向甲公司采购A材料，增值税专用发票列示价款150 000元、增值税税额19 500元，运费2 000元、增值税税额180元。公司签发并承兑一张商业汇票结算材料款项，该批材料已验收入库，计划成本为160 000元。

（4）15日，向丙公司采购B材料4 000千克，增值税专用发票列示价款150 000元、增值税税额19 500元，运费2 400元、增值税税额216元。货款已用银行存款支付，材料尚未收到。

（5）25日，向丙公司购买的B材料已运达，实际验收入库3 930千克，短缺70千克属定额内合理损耗。B材料计划单位成本为38元。

（6）26日，按照合同约定，向丁公司预付购料款50 000元，已开出转账支票支付。

（7）28日，向丙公司采购B材料，增值税专用发票列示价款100 000元、增值税税额13 000元，运费1 800元、增值税税额162元。货款已用银行汇票支付，材料尚未收到。

（8）31日，向乙公司采购A材料，发票账单等已收到，增值税专用发票列示价款60 000元、增值税税额7 800元。另外取得运费发票，运费900元、增值税税额81元。材料已验收入库，计划成本为60 000元，货款尚未支付。

（9）31日，根据发料凭证汇总表，本月领用材料的计划成本为508 000元，其中：生产领用396 000元，车间管理部门领用45 000元，厂部管理部门领用67 000元。

要求：

（1）根据上述经济业务编制相关会计分录。

（2）计算7月份的材料成本差异率和发出材料应分摊的材料成本差异。

任务二 周转材料的核算

一、判断题（正确的打“√”，错误的打“×”）

1. 周转材料在采用分次摊销法进行核算时，应设置“在库”“在用”“摊销”三个明细账户。（ ）

2. 出租和出借包装物的摊销价值应作为销售费用处理。（ ）

3. 企业的低值易耗品可以多次参加生产周转而不改变其原有的实物形态，所以，应列为固定资产进行管理和核算。（ ）

4. 随同产品出售、不单独计价的包装物的成本，直接计入产品生产成本。（ ）

5. 随同产品出售、单独计价的包装物，属于企业包装物销售业务，即其他销售业务，其取得的收入应作为其他业务收入，其成本应相应地作为其他业务成本。（ ）

二、不定项选择题（每题至少有一个正确答案，请将正确答案填在括号内）

1. 下列各项中，对于报废出租包装物的残料价值，应借记“原材料”账户，贷记的账户是（ ）。

A.“主营业务收入” B.“其他业务收入”

C.“其他业务成本” D.“销售费用”

2. 下列各项中，企业对出租、出借的包装物摊销时，可以采用的摊销方法是（ ）。

A. 一次摊销法 B. 分次摊销法

C. 毛利率法 D. 先进先出法

3. 下列各项中，应作为销售费用处理的是（ ）。

A. 随同商品出售、不单独计价的包装物的成本

B. 随同商品出售、单独计价的包装物的成本

C. 出租包装物的摊销价值

D. 出借包装物的摊销价值

4. 下列各项中，应作为包装物进行核算和管理的是（ ）。

A. 生产过程中用于包装产品作为产品组成部分的包装用品

B. 随同商品出售、不单独计价的包装用品

C. 用于储存和保管商品、材料而不对外出售的包装用品

D. 出租或出借给购货单位使用的包装用品

5. 下列各项中，随同商品出售、单独计价的包装物发出时应当记入的账户是（ ）。

A.“主营业务收入” B.“其他业务成本”

C.“营业外收入” D.“销售费用”

三、核算与分析题

众诚公司为增值税一般纳税人，生产和销售的产品均为非应税消费品，包装物按实际成本计价核算。该公司2022年发生以下经济业务：

（1）向甲公司购入包装物一批，增值税专用发票列示价款40 000元、增值税税额5 200元，款项45 200元已用银行存款支付，包装物已验收入库。

（2）向乙公司购入包装物一批，增值税专用发票列示价款50 000元、增值税税额6 500元，款项56 500元已用银行存款支付，包装物尚未验收入库。

（3）基本生产车间在生产过程中领用包装物一批，实际成本8 500元。

（4）销售部门为销售产品领用包装物一批，实际成本2 300元，该批包装物随同产品出售而不单独计价。

（5）销售部门为销售产品领用包装物一批，实际成本4 000元。该批包装物随同产品出售，开具增值税专用发票，发票上注明的价款为5 000元、增值税税额为650元，款项5 650元已收存银行。

（6）借给丙公司某包装物（新的）20个，每个实际成本40元，出借期限为1个月。押金8 500元已收存银行，该包装物采用一次摊销法摊销。

（7）以前借给丙公司的某包装物到期收回，原出借20个，现收回18个，没收押金850元，开具增值税专用发票价税合计金额850元，退回押金余额7 650元（原押金8 500元）。

（8）租给丁公司某包装物（新的）100个，每个实际成本30元，出租期限为1个月，租金为每个10元，开具增值税专用发票，价税合计金额1 000元。押金3 500元已收存银行，该包装物采用一次摊销法摊销。

要求：根据上述经济业务编制相关会计分录。

任务三 委托加工物资的核算

一、判断题（正确的打“√”，错误的打“×”）

1.企业发出委托外单位加工的材料物资，虽然材料物资已经离开本企业，但所有权并未转移，仍属于企业存货。（ ）

2.委托企业对于委托加工后收回的物资属于应税消费品，且又用于继续加工应税消费品的，则由受托企业代收代缴的消费税不可以抵扣。（ ）

3.委托企业对于委托加工后收回的物资直接对外销售的，则由受托企业代收代缴的消费税计入委托加工物资的成本，该委托加工物资销售时不再缴纳消费税。（ ）

4.委托加工物资支付的加工费不应构成委托加工存货的成本。（ ）

5.“委托加工物资”账户既可以登记实际成本，也可以登记计划成本。（ ）

二、不定项选择题（每题至少有一个正确答案，请将正确答案填在括号内）

1.下列各项中，一般纳税人企业委托加工收回后将用于连续生产应税消费品的材料，其实际成本包括（ ）。

A.发出加工材料的计划成本　　B.发出加工材料应负担的成本差异

C.加工费用和往返运杂费　　D.支付的增值税

2.下列各项中，应交消费税的委托加工物资收回后用于连续生产应税消费品的，按规定准予抵扣的由受托方代收代缴的消费税，应当记入的账户是（ ）。

A.“生产成本”　　B.“应交税费——应交消费税”

C.“主营业务成本”　　D.“委托加工物资”

3.一般纳税人委托其他单位加工材料收回后直接对外销售的，其发生的下列支出中，不应计入委托加工物资成本的是（ ）。

A.发出材料的实际成本　　B.支付给受托方的加工费

C.支付给受托方的增值税　　D.受托方代收代缴的消费税

4.某一般纳税人企业委托外单位加工一批应税消费品，材料成本为150万元，加工费为15万元（不含税），受托方提供加工劳务的增值税税率为13%，受托方代收代缴的消费税为18万元。该批材料加工后委托方直接出售，则该批材料加工完毕入库时的成本为（ ）万元。

A.166.95　　B.183　　C.168　　D.165

5.下列各项中，委托加工应税消费品（非金银首饰）收回后直接出售，其由受托方代收代缴的消费税应记入的账户是（ ）。

A.“管理费用”　　B.“应交税费——应交消费税”

C.“税金及附加”　　D.“委托加工物资”

三、核算与分析题

1. 众诚公司为增值税一般纳税人，存货采用实际成本计价核算。2022年5月，该公司委托B企业加工量具一批，5月10日发出原材料10 000元；5月20日支付加工费，增值税专用发票列示价款8 000元、增值税税额1 040元；5月20日量具加工完成验收入库。假定款项均已通过银行支付。

要求：根据上述经济业务编制相关会计分录。

2.诚志公司为增值税一般纳税人，存货采用计划成本计价核算。2022年6月将一批原材料委托外单位加工为H半成品（属于应税消费品），发出原材料的计划成本为100 000元，材料成本差异率为1%；用银行存款支付加工费用，增值税专用发票列示价款10 000元、增值税税额1 300元；支付消费税47 142.86元。加工完毕收回H半成品用于连续生产H产品。H半成品的计划成本为115 000元。

要求：

（1）根据上述经济业务编制相关会计分录。

（2）如果加工完毕收回H半成品直接对外出售，根据上述经济业务编制相关会计分录。

任务四 库存商品的核算

一、判断题（正确的打“√”，错误的打“×”）

1. 已完成销售手续但购买单位在月末未提取的产品，不应作为企业的库存商品，而应作为代管商品处理，单独设置代管商品备查簿进行登记。（ ）

2. 发出展览的商品、寄存在外的商品不作为库存商品处理。（ ）

3. 毛利率法是指根据本期销售净额乘以上期实际（或本期计划）毛利率匡算本期销售毛利，并据以计算发出存货和期末存货成本的一种方法。（ ）

4. 接受来料加工制造的代制品和为外单位加工修理的代修品要作为库存商品进行处理。（ ）

5. 产成品种类较多的企业，也可按计划成本进行日常核算，其实际成本与计划成本的差异，可以单独设置“产品成本差异”账户，比照“材料成本差异”账户核算。（ ）

二、不定项选择题（每题至少有一个正确答案，请将正确答案填在括号内）

1. 某企业存货的日常核算采用毛利率法计算存货成本。该企业2022年1月份实际毛利率为30%，2022年2月1日的存货成本为1 200万元，2月份购入存货成本为2 800万元，销售收入为2 700万元。该企业2月末存货成本为（ ）万元。

A.1 300　B.1 900　C.2 110　D.2 200

2. 下列各项中，作为企业库存商品核算的是（ ）。

A. 发出展览的商品　B. 接受来料加工制造的代制品

C. 已经销售但是对方尚未提货的商品　D. 寄存在外的商品

3. 下列各项关于库存商品的表述，正确的是（ ）。

A. 库存商品可以采用实际成本核算，也可以采用计划成本核算

B. 库存商品采用计划成本核算时，库存商品实际成本与计划成本的差异，可单独设置“产品成本差异”账户核算

C. “库存商品”账户期末余额在借方，反映各种库存商品的实际成本或计划成本

D. 商品流通企业，尤其是商业批发企业一般采用毛利率法计算本期商品销售成本和期末库存商品成本

4. 下列各项中，有关商品毛利率法的公式正确的是（ ）。

A.毛利率 = 销售毛利 ÷ 销售净额 × 100%

B.销售净额 = 商品销售收入 − 销售退回和折让

C.销售毛利 = 销售净额 × 毛利率

D.销售成本 = 销售净额 − 销售毛利

5. 某商业批发企业采用毛利率法对发出存货计价，第一季度某商品实际毛利率为

30%，5月1日存货成本为1 800万元，5月份购入存货成本为4 200万元，销售商品收入为4 500万元，发生销售退回450万元。则该企业5月末存货结存成本为（　　）万元。

A.3 165　　B.2 850　　C.1 950　　D.3 300

三、核算与分析题

1.诚信公司属于商品流通企业，为增值税一般纳税人，商品售价中不含增值税。该公司只经营甲类商品，并采用毛利率法对发出商品计价，季度内各月份的毛利率根据上季度实际毛利率确定。该公司2022年第一季度、第二季度甲类商品有关资料如下：

（1）2022年第一季度累计销售收入为600万元、销售成本为510万元，3月末库存商品的实际成本为400万元。

（2）2022年第二季度购进商品成本为880万元。

（3）2022年4月份实现商品销售收入300万元。

（4）2022年5月份实现商品销售收入500万元。

（5）假定2022年6月末按一定方法计算的库存商品实际成本为420万元。

要求：根据上述资料计算下列指标。

（1）计算甲类商品2022年第一季度的实际毛利率。

（2）分别计算甲类商品2022年4月份、5月份、6月份的商品销售成本。

2.众诚公司为增值税一般纳税人，销售库存商品100件，实际单位成本为1 000元/件，计划单位成本为1 010元/件。

要求：请分别编制实际成本法与计划成本法结转成本的会计分录。

任务五 存货清查和减值的核算

一、判断题（正确的打“√”，错误的打“×”）

1. 存货清查结果的核算要设置“待处理财产损溢——待处理流动资产损溢”账户。 （ ）

2. 清查结束，应编制“存货盘点报告表”，如实反映各种存货的账存数和实存数，以及盘盈、盘亏和毁损的数量和金额。 （ ）

3. 存货盘亏如属于定额内损耗，经批准可转入管理费用。 （ ）

4. 属于非正常损失所造成的存货毁损，扣除保险公司赔款和残料价值后，加上不允许抵扣的增值税进项税额，计入管理费用。 （ ）

5. 财产物资的盘盈、盘亏报经批准处理时，一定会影响当期损益。 （ ）

二、不定项选择题（每题至少有一个正确答案，请将正确答案填在括号内）

1. 企业发生的下列存货盘亏或毁损中，应将其净损失计入管理费用的是（ ）。

A. 定额内自然损耗　　B. 管理不善造成的毁损

C. 自然灾害造成的毁损　　D. 收发计量差错造成的短缺

2. 下列各项属于存货清查方法的是（ ）。

A. 实地盘点法　　B. 技术推断法　　C. 先进先出法　　D. 加权平均法

3. 存货盘盈需要进行的处理是（ ）。

A. 直接调整账面价值，做到账实相符

B. 在没有查明原因时，应及时办理存货入账手续，调整账面记录，借记有关存货账户，贷记“待处理财产损溢——待处理流动资产损溢”账户

C. 经有关部门批准后，再冲减管理费用，借记“待处理财产损溢——待处理流动资产损溢”账户，贷记“管理费用”账户

D. 经有关部门批准后，根据不同的原因，借记“待处理财产损溢——待处理流动资产损溢”账户，贷记“管理费用”或“营业外收入”等账户

4. 某企业2022年3月31日某存货的实际成本为100万元，加工该存货至产成品估计还将发生成本20万元，估计销售费用和相关税费为2万元，估计用该存货生产的产成品售价为110万元。假定该存货月初“存货跌价准备”科目余额为零，2022年3月31日应计提的存货跌价准备为（ ）万元。

A.−10　　B.0　　C.10　　D.12

5. 2022年12月31日，某企业库存商品的账面成本为800万元，估计售价为750万元，估计的销售费用及相关税费为15万元。年末计提存货跌价准备前，库存商品的跌价准备余额为10万元，则年末该库存商品计提的存货跌价准备为（ ）万元。

A.−55　　B.55　　C.75　　D.−75

三、核算与分析题

1.华清公司为增值税一般纳税人，存货采用实际成本法进行核算。期末对存货进行清查，清查结果及批准处理情况如下：

（1）发现盘盈A低值易耗品5件，实际单位成本为300元/件。

（2）发现盘亏B原材料400千克，单位实际成本为100元/千克，其购进时的增值税税额为5 200元。

（3）发现毁损C产成品80件，实际单位成本为350元/件，其应负担的增值税税额为2 750元。

（4）上述存货盘盈、盘亏和毁损原因已查明：A低值易耗品盘盈是收发计量差错造成的；B原材料短缺是管理制度不健全造成的；C产成品毁损是意外事故造成的非正常损失，其残料回收作价500元，可获得保险公司赔偿18 450元。经公司会议批准后，对上述清查结果作出处理。

要求：根据上述经济业务编制相关会计分录。

2. 众诚公司采用备抵法核算存货跌价损失，某材料存货的有关资料如下：

（1）2020年年初“存货跌价准备”账户贷方余额为4 210元，年末存货成本为863 000元，可变现净值为857 220元。

（2）2021年年末，存货成本为629 000元，可变现净值为624 040元。

（3）2022年7月，处理一批生产中已不再需要且已无使用价值和转让价值的材料，其账面余额为12 000元，已经计提的存货跌价准备为4 960元。2022年年末，存货成本为736 500元，可变现净值为734 170元。

要求：计算各年计提的存货跌价准备并编制相应的会计分录。

项目综合训练

1.诚泰公司为增值税一般纳税人，存货期末按成本与可变现净值孰低法计量，同时按单个存货项目计提存货跌价准备。诚泰公司每半年报送一次报表，2022年有关业务资料如下：

（1）4月30日公司从外地购入甲材料500千克，收到的增值税专用发票上注明的价款为300 000元、增值税税额为39 000元。上述款项已用银行存款支付。

（2）由于该公司调整产品结构，导致上述甲材料一直积压在库。甲材料6月30日和12月31日的可变现净值分别为147 500元和149 500元，可变现净值的变动是由同一因素引起的。

要求：

（1）编制甲材料采购入库以及6月30日和12月31日对该批甲材料计提存货跌价准备的会计分录。

（2）如果2023年1月1日，公司将该批甲材料以200 000元（不含增值税）的价格对外出售（假定出售材料不是该公司的主营业务），出售所得款项已经存入银行，请编制出售甲材料时的会计分录。

2. 泰兴公司为增值税一般纳税人，该公司采用实际成本法核算材料，按月计提存货跌价准备。该公司2022年6月末结存存货100万元，全部为A产品。6月末存货跌价准备余额为零。该公司7月份发生以下经济业务：

（1）购买原材料一批，增值税专用发票上注明的价款为160万元、增值税税额为20.8万元。公司已开出商业承兑汇票，该原材料已验收入库。

（2）用原材料对外投资，该批原材料的成本为40万元，双方协议作价为60万元。

（3）销售A产品一批，销售价格为100万元（不含增值税），实际成本为80万元，提货单和增值税专用发票已交购货方，货款尚未收到。该销售符合收入确认条件，销售过程中发生相关费用2万元，均用银行存款支付。

（4）在建工程（厂房）领用外购原材料一批，该批原材料实际成本为28万元。

（5）本月领用原材料70万元用于生产A产品，生产过程中发生加工成本12万元，均为职工薪酬（尚未支付）。本月产成品完工成本为82万元，月末无在产品。

（6）月末发现火灾毁损原材料一批，已按管理权限报经批准。该批原材料的实际成本为10万元、增值税税额为1.3万元。

（7）泰兴公司7月末结存的原材料可变现净值为18万元，A产品可变现净值为89万元。该公司7月末无其他存货。

要求：

（1）根据上述经济业务编制相关会计分录（“应交税费”科目要求写出明细科目及专栏名称）。

（2）计算泰兴公司7月末资产负债表中“存货”项目的金额。

项目六

长期股权投资的核算

任务一　长期股权投资的初始计量

一、判断题（正确的打“√”，错误的打“×”）

1. 企业以合并方式取得长期股权投资，其初始投资成本为投资企业享有被投资单位所有者权益账面价值的份额。（　　）

2. 企业以同一控制下的合并方式取得长期股权投资，发生的与合并相关的费用计入管理费用。（　　）

3. 企业以非同一控制下的合并方式取得长期股权投资，发生的与合并相关的费用计入管理费用。（　　）

4. 企业以非现金资产为对价取得同一集团内其他子公司的股权，并形成控股合并，投资企业应当确认该非现金资产处置损益。（　　）

5. 投资企业持有被投资单位2%的表决权资本，不产生重大影响，投资企业将该项投资确认为长期股权投资。（　　）

6. 以支付现金方式取得的长期股权投资，以实际支付的全部价款作为长期股权投资的初始成本。（　　）

7. 非企业合并方式取得长期股权投资时支付的相关税费，均应当计入长期股权投资的初始成本。（　　）

8. 以发行权益性证券方式取得的长期股权投资，按照该股权的公允价值为基础确定长期股权投资的初始成本。（　　）

9. 企业从二级市场上购入的准备随时出售的股票，可以划分为长期股权投资。（　　）

10. 投资企业持有被投资企业51%的股份，投资企业一定能够控制被投资企业。（　　）

二、不定项选择题（每题至少有一个正确答案，请将正确答案填在括号内）

1. 下列各项属于长期股权投资核算内容的是（　　）。

　A. 对子公司的投资　　B. 对合营企业的投资

　C. 对共同经营的投资　　D. 对联营企业的投资

2. 企业以合并方式取得长期股权投资时，发生的直接费用应记入的账户是（　　）。

　A. “投资成本”　　B. “投资收益”

　C. “财务费用”　　D. “管理费用”

3. 企业以非现金资产对外投资形成同一控制下的企业合并时，按照（　　）确认长期股权投资初始成本。

　A. 投出非现金资产的账面价值

　B. 投出非现金资产的公允价值

C.合并日享有被合并方所有者权益在最终控制方合并财务报表中的账面价值的份额

D.合并日享有被合并方所有者权益在最终控制方合并财务报表中的公允价值的份额

4.企业以非现金资产对外投资形成非同一控制下的企业合并时，长期股权投资初始成本以（　　）为基础计量。

A.投出非现金资产的账面价值

B.投出非现金资产的公允价值

C.合并日享有被合并方所有者权益在最终控制方合并财务报表中的账面价值的份额

D.合并日享有被合并方所有者权益在最终控制方合并财务报表中的公允价值的份额

5.非企业合并方式取得长期股权投资时支付的税费、手续费等相关费用，应记入（　　）账户。

A.“长期股权投资”　　B.“投资收益”

C.“财务费用”　　D.“管理费用”

6.投资企业通过非企业合并方式取得的长期股权投资，下列各项中，应当计入长期股权投资的初始投资成本的有（　　）。

A.实际支付的买价

B.取得投资发生的相关费用

C.取得投资发生的相关税金

D.买价中包含的已宣告但尚未支付的现金股利

7.2022年9月1日，A公司以1 000万元取得B公司22%的股份，作为长期股权投资核算，取得长期股权投资时B公司可辨认净资产的账面价值为3 000万元，公允价值为4 000万元，A公司取得长期股权投资的初始入账价值是（　　）万元。

A.1 000　　B.660　　C.880　　D.3 000

8.2022年12月12日，M公司通过增发5 000万股本公司的普通股（每股面值1元）取得N公司25%的股权，该5 000万股股份的公允价值为54 000万元，M公司取得投资时N公司的可辨认净资产的账面价值为180 000万元，公允价值为216 000万元。M公司为发行股票向证券承销商支付了110万元的佣金和手续费。假定M公司能够对N公司的财务和生产经营决策施加重大影响，在不考虑其他税费的情况下，M公司长期股权投资的初始成本是（　　）万元。

A.54 000　　B.54 110　　C.45 000　　D.45 110

9.M公司以账面价值932万元、公允价值1 200万元的生产设备为对价取得同一集团内N公司55%的股份，形成同一控制下的控股合并，长期股权投资采用成本法核算。合并中另外支付咨询费、审计费等相关合并费用12万元。合并日N公司在母公司合并财务报表中的账面价值为2 000万元、公允价值为2 400万元。M公司长期股权投资的初始入账价值是（　　）万元。

A.1 100　　B.1 110　　C.1 320　　D.1 330

10.甲单位以银行存款632万元购入乙单位60%的股份，形成非同一控制下的控股合并，长期股权投资采用成本法核算。合并中另外支付咨询费、审计费等相关合并费用10万元。合并日乙单位净资产的账面价值为1 000万元，公允价值为1 250万元。甲单位长期股权投资的初始入账价值是（　　）万元。

A.632　　B.642　　C.750　　D.600

任务二　长期股权投资的后续计量

一、判断题（正确的打"√"，错误的打"×"）

1.投资企业对被投资企业具有控制权时，长期股权投资应当采用成本法核算。（　　）

2.企业投资占被投资企业股份为20%以下，一般采用成本法核算长期股权投资。（　　）

3.现金股利和股票股利都是被投资企业给予投资企业的回报，因此，投资企业均应确认投资收益。（　　）

4.采用成本法核算长期股权投资，投资企业应当按照享有被投资企业宣告发放的现金股利或利润确认投资收益，不管有关利润分配是属于对投资前还是取得投资后被投资企业实现净利润的分配。（　　）

5.当长期股权投资减值的因素消失时，原计提的减值准备可以转回。（　　）

6.采用成本法核算长期股权投资时，长期股权投资的账面余额一般保持不变，除非追加投资或收回投资。（　　）

7.采用权益法核算长期股权投资时，投资成本与投资企业投资时享有被投资企业净资产公允价值之间的差额，调整长期股权投资的账面价值。（　　）

8.采用权益法核算长期股权投资时，被投资企业宣告分配利润，投资企业按持股比例计算应享有的份额调增长期股权投资的账面价值，同时计入投资收益。（　　）

二、不定项选择题（每题至少有一个正确答案，请将正确答案填在括号内）

1.下列各项中，采用成本法核算长期股权投资的是（　　）。

A.对子公司的投资　　B.对合营企业的投资

C.对联营企业的投资　　D.对共同经营的投资

2.采用成本法核算长期股权投资时，下列各项中，影响被投资企业"投资收益"账户的是（　　）。

A.被投资企业宣告分派现金股利　　B.被投资企业宣告分派股票股利

C.被投资企业发生亏损　　D.处置长期股权投资

3.2022年4月1日，A公司以4 000万元取得B公司60%的股份，能够对B公司实施控制，采用成本法核算长期股权投资。4月3日，B公司宣告分配2021年实现的净利润900万元。A公司在4月3日应编制的会计分录是（　　）。

A.借：长期股权投资　　5 400 000
　　贷：投资收益　　5 400 000

B.借：应收股利　　5 400 000
　　贷：投资收益　　5 400 000

C.借：应收股利　　5 400 000
　　贷：营业外收入　　5 400 000

D.不编制会计分录

4.2021年4月1日，A公司以6 000万元取得B公司25%的股份，能够对B公司实施重大影响，采用权益法核算长期股权投资。2022年4月1日，B公司宣告分配2021年实现的净利润1 000万元。A公司在4月1日应编制的会计分录是（　　）。

A.借：长期股权投资　　2 500 000
　　贷：投资收益　　2 500 000

B.借：应收股利　　2 500 000
　　贷：投资收益　　2 500 000

C.借：应收股利　　2 500 000
　　贷：长期股权投资　　2 500 000

D.借：银行存款　　2 500 000
　　贷：投资收益　　2 500 000

5.对长期股权投资计提减值准备时，借记的账户是（　　）。

A.“管理费用”　　B.“营业外支出”

C.“资产减值损失”　　D.“投资收益”

6.采用权益法核算长期股权投资时，因被投资企业其他综合收益引起的所有者权益的增加，投资企业应按持股比例计算应享有的份额增加长期股权投资的账面价值，同时应增加的账户是（　　）。

A.“实收资本”　　B.“资本公积”

C.“投资收益”　　D.“其他综合收益”

7.采用权益法核算长期股权投资时，初始投资成本大于应享有被投资企业可辨认净资产公允价值份额之间的差额，投资企业应作的会计处理是（　　）。

A.调整初始投资成本　　B.调整净资产

C.调整当期损益　　D.不作任何调整

8.采用权益法核算长期股权投资时，被投资企业发生的下列事项中，会引起投资企业“长期股权投资”账户和“投资收益”账户都减少的是（　　）。

A.当年实现净利润　　B.当年发生亏损

C.长期股权投资减值　　D.向投资者分配现金股利

9.采用权益法核算长期股权投资时，下列各项中，投资企业需要调整“长期股权投资”账户账面价值的是（　　）。

A.被投资企业实现净利润　　B.被投资企业宣告发放现金股利

C.被投资企业宣告发放股票股利　　D.被投资企业提取盈余公积

10. 采用权益法核算长期股权投资时，下列各项说法正确的是（　　）。

A. 被投资企业实现净利润，投资企业在确认其享有的份额时，应在“长期股权投资”账户下单独设置“损益调整”明细账户进行核算

B. “长期股权投资”账户下设置的“损益调整”明细账户会出现借方余额

C. “长期股权投资”账户会出现贷方余额

D. 被投资企业发生亏损，投资企业按其应承担的份额，冲减长期股权投资的账面价值，当长期股权投资的账面价值减至零时，其余确认为预计负债

三、核算与分析题

1. 众诚公司2021年4月15日以银行存款购买诚远股份有限公司的股票5 000万股作为长期股权投资，每股买入价为12元，每股价格中包含0.20元的已宣告但尚未分配的现金股利。众诚公司能够对诚远股份有限公司实施控制，诚远股份有限公司成为众诚公司的子公司。众诚公司与诚远股份有限公司没有关联关系。2021年4月20日，收到买价中包含的股利。2022年3月28日，诚远股份有限公司宣告分配2021年的股利，每股现金股利为0.22元，而且每10股派送2股股票股利。

要求：

（1）编制众诚公司2021年4月15日购买股票的会计分录。

（2）编制众诚公司2021年4月20日收到现金股利的会计分录。

（3）编制众诚公司2022年3月28日诚远股份有限公司宣告分配股利时的会计分录。

2. 众诚公司于2018年4月1日以2 900万元购入甲公司20%的股份，对其具有重大影响。购买日众诚公司可辨认净资产的公允价值为13 000万元。2018年4月1日以后，甲公司的有关资料如下：

（1）2018年甲公司实现净利润1 500万元。

（2）2019年4月6日甲公司宣告分派股利1 000万元，当年净亏损4 000万元。

（3）2020年甲公司发生净亏损11 500万元；众诚公司有一笔应收甲公司的长期应收款300万元，该笔应收款在可预见的将来不准备收回。

（4）2021年甲公司实现净利润900万元。

要求：编制众诚公司从2018年4月1日取得投资至2021年年末相关业务的会计分录。

任务三　长期股权投资减值和处置的核算

一、判断题（正确的打“√”，错误的打“×”）

1. 如果长期股权投资的可收回金额低于账面余额，应当将长期股权投资的账面余额减记至可收回金额。（　　）

2. 长期股权投资的减值损失一经确定，不得转回。（　　）

3. 长期股权投资的账面余额减去长期股权投资减值准备后的金额为长期股权投资的账面价值。（　　）

4. 处置长期股权投资时，应当将处置所得与其账面价值之间的差额计入当期损益。（　　）

5. 部分处置某项长期股权投资时，应按处置比例结转处置部分的成本。（　　）

二、不定项选择题（每题至少有一个正确答案，请将正确答案填在括号内）

1. 计提长期股权投资减值准备时，借记的账户是（　　）。

A. “资产减值损失”　　B. “信用减值损失”

C. “投资收益”　　D. “公允价值变动损益”

2. 处置长期股权投资时，应当将处置所得与其账面价值之间的差额记入（　　）账户。

A. “公允价值变动损益”　　B. “投资收益”

C. “资产处置损益”　　D. “其他综合收益”

3. 下列各项中，处置长期股权投资可能涉及的账户是（　　）。

A. “银行存款”　　B. “长期股权投资”

C. “长期股权投资减值准备”　　D. “投资收益”

4. 下列各项中，处置长期股权投资可能借记的账户是（　　）。

A. “公允价值变动损益”　　B. “资本公积”

C. “其他综合收益”　　D. “投资收益”

5. 处置长期股权投资时，下列各项说法正确的是（　　）。

A. 处置长期股权投资时，应当将处置所得与其账面价值之间的差额计入当期损益

B. 已计提长期股权投资减值准备的，同时结转已计提的长期股权投资减值准备

C. 权益法下处置长期股权投资，还应当相应结转原计入其他综合收益的部分

D. 权益法下处置长期股权投资，还应当相应结转原计入资本公积的部分

三、核算与分析题

众诚公司于2020年8月2日购入乙公司股份800 000股，每股买价12.20元，另支付相关税费3 600元，众诚公司占乙公司表决权资本的25%，具有重大影响。其他资料

如下：

（1）2020年乙公司实现利润480万元。

（2）乙公司于2021年4月2日宣告分派现金股利，每股0.20元，4月20日付现。

（3）2021年乙公司实现净利润560万元；当年其他综合收益增加80万元；除净损益、其他综合收益和利润分配以外的所有者权益增加60万元。

（4）2022年2月16日，因管理意图发生变化，众诚公司以1 280万元的价格出售所持乙公司股票。

要求：不考虑其他因素影响，编制众诚公司从2020年8月2日取得投资至2022年2月16日出售投资相关业务的会计分录。

项目综合训练

甲公司为一家上市公司，2022年对外投资的相关资料如下：

（1）4月2日，甲公司以银行存款购买A公司发行的股票200万股准备长期持有，实际支付价款10 000万亿元，另支付相关税费120万元，占A公司有表决权股份的40%，能够对A公司施加重大影响，投资时A公司可辨认净资产的公允价值为28 000万元（各项可辨认资产、负债的公允价值和账面价值相同）。

（2）4月17日，甲公司委托证券公司从二级市场购入B公司股票，并将其划分为交易性金融资产。支付价款1 500万元（其中包含已宣告但尚未发放的现金股利40万元），另支付相关交易费用6万元。

（3）5月5日，甲公司收到B公司发放的现金股利40万元，并存入银行。

（4）6月30日，甲公司持有的B公司股票的公允价值1 380万元。

（5）7月15日，甲公司将持有的B公司股票全部出售，售价为1 521.20万元，款项已存入银行，该笔交易确认应交增值税1.20万元。

（6）A公司2022年实现净利润5 000万元。

（7）A公司2022年年末增加其他综合收益600万元。

要求：不考虑其他因素的影响，根据上述资料，回答下列第（1）—（5）小题。

（1）根据资料（1），甲公司对于取得A公司股票的处理中，正确的是（　　）。

A.甲公司应将A公司股票投资划分为交易性金融资产

B.甲公司应将A公司股票投资划分为长期股权投资，采用权益法核算

C.取得投资时的初始投资成本为10 120万元

D.取得投资时应确认营业外收入1 080万元

（2）根据资料（2）和资料（3），甲公司对于B股票投资的处理，下列各项表述正确的是（　　）。

A.应确认的初始成本为1 460万元

B.应确认的初始成本为1 506万元

C.应确认的初始成本为1 500万元

D.收到现金股利时应确认投资收益40万元

（3）根据资料（4），甲公司对于购买B公司股票的会计处理中，下列各项说法正确的是（　　）。

A.6月30日确认的公允价值变动损失为80万元

B.6月30日确认的公允价值变动损失为86万元

C.6月30日确认的公允价值变动损失借记“公允价值变动损益”账户

D.6月30日确认的公允价值变动损失借记“其他综合收益”账户

（4）根据资料（2）—（5），甲公司对于B公司股票投资的处理，累计影响2022年当期损益的金额是（　　）万元。

A.14　　B.140　　C.136　　D.54

（5）根据资料（6）和资料（7）关于甲公司购入股票的后续计量，下列各项表述正确的是（　　）。

A.甲公司增加长期股权投资2 000万元

B.甲公司增加长期股权投资1 740万元

C.甲公司增加投资收益1 500万元

D.甲公司增加其他综合收益240万元

项目七

固定资产的核算

任务一　固定资产的初始计量

一、判断题（正确的打“√”，错误的打“×”）

1. 企业购买固定资产发生的全部支出作为固定资产的初始入账价值。（　　）

2. 企业购入需要安装的固定资产先通过“在建工程”账户核算，达到预定可使用状态时转为固定资产。（　　）

3. 对于已达到预定可使用状态但尚未办理竣工决算的固定资产，待办理竣工决算后，若实际成本与原暂估价值存在差异的，应调整原估计成本。（　　）

4. 对于租入的固定资产，由于不拥有所有权，故不必进行账务处理，只需在备查簿中进行登记。（　　）

5. 接受投资者投入的固定资产，应当按照合同、协议约定的价值作为固定资产的入账基础，除非合同、协议不公允。（　　）

二、不定项选择题（每题至少有一个正确答案，请将正确答案填在括号内）

1. 甲企业购入一台不需要安装的设备，取得的增值税专用发票上注明的设备价款为20万元，增值税税额为2.6万元，货物运输增值税专用发票上注明的运输费为2 500元，增值税税额为225元，该固定资产的成本是（　　）元。

A.228 725　　B.202 500　　C.228 500　　D.200 000

2. 增值税一般纳税人，计入固定资产成本的税金是（　　）。

A. 进口设备缴纳的增值税　　B. 进口关税

C. 购买汽车缴纳的消费税　　D. 车辆购置税

3. 采用出包方式购建固定资产时，按照合同预付的工程价款应借记的账户是（　　）。

A. “在建工程”　　B. “固定资产”　　C. “工程物资”　　D. “预付账款”

4. 自行建造机器设备领用本企业生产的产品时，应编制的会计分录是（　　）。

A. 借：在建工程
　　贷：库存商品

B. 借：在建工程
　　贷：库存商品
　　　　应交税费——应交增值税（销项税额）

C. 借：在建工程
　　贷：库存商品
　　　　应交税费——应交增值税（进项税额转出）

D. 借：在建工程
　　贷：主营业务收入
　　　　应交税费——应交增值税（销项税额）

5. 下列各项作为企业固定资产管理和核算的是（　　）。

A. 经营租入的设备　　B. 经营租出的设备

C. 租入的建筑物　　D. 租出的建筑物

三、核算与分析题

1. 众诚公司为增值税一般纳税人，适用的增值税税率为13%。2022年4月份发生下列经济业务：

（1）4月3日，购入不需要安装的甲设备一台，增值税专用发票上注明的价款为24万元、增值税税额为3.12万元，货物运输增值税专用发票上注明的运输费为1.2万元、增值税税额为1 080元，货款和运费开出转账支票予以支付，设备已验收。

（2）4月12日，购入需要安装的乙设备一台，增值税专用发票上注明的价款为20万元、增值税税额为2.6万元，货物运输增值税专用发票上注明的运输费为8 000元、增值税税额为720元，货款和运费均未支付。

（3）4月13日，安装乙设备，领用原材料800元，该材料承担的增值税税额为136元。

（4）4月18日，取得增值税专用发票，发票注明的乙设备的安装费为1 500元、增值税税额为195元。

（5）安装完毕，乙设备达到预定可使用状态并验收。

要求：假定取得的增值税专用发票都已认证，根据上述经济业务编制相关的会计分录。

2.2022年3月23日，众诚公司一次购入3套不同型号且具有不同生产能力的A、B和C设备。众诚公司取得增值税专用发票，并已认证。该批设备的价款为480万元、增值税税额为62.4万元。货物运输增值税专用发票上注明的运输费为20 000元、增值税税额为1 800元。货款、运输费全部以银行转账支付，设备已验收。假定A、B和C设备分别满足固定资产的确认条件，公允价值分别为156万元、260万元和104万元。假定不考虑其他相关税费。

要求：计算A、B、C设备的成本并编制相关的会计分录。

3.2022年1月，众诚公司因生产需要，决定用自营方式建造一间材料仓库。相关资料如下：

（1）1月5日，购入工程用专项物资30万元、增值税税额为3.9万元，该批专项物资已验收入库，款项用银行存款付讫。

（2）领用上述专项物资，用于建造仓库。

（3）领用本单位生产用水泥一批用于工程建设，该批水泥的成本为2万元，应负担的增值税税额为0.26万元。

（4）1月至3月，应付工程人员工资3万元，用银行存款支付其他费用1.8万元。

（5）3月31日，该仓库达到预定可使用状态，预计可使用20年，估计净残值率为5%，采用年限平均法计提折旧。

要求：

（1）计算该仓库的入账价值。

（2）编制与上述业务相关的会计分录。

（3）计算2023年度该仓库应计提的折旧额。

任务二　固定资产的后续计量

一、判断题（正确的打“√”，错误的打“×”）

1. 一项固定资产提足折旧后，其账面价值一定是零。（　　）

2. 企业购建的已达到预定可使用状态，但尚未办理竣工结算的固定资产，不计提折旧。（　　）

3. 对于已达到预定可使用状态，但尚未办理竣工决算的固定资产，待办理竣工决算后，若实际成本与原暂估价值存在差异的，调整固定资产的入账价值，同时应调整已计提折旧。（　　）

4. 企业在采用年限平均法计提固定资产折旧时，是按照月初在用固定资产的账面原值乘以月折旧率计算的。（　　）

5. 固定资产提足折旧后，不论是否继续使用，均不再计提折旧；提前报废的固定资产，也不再补提折旧。（　　）

6. 固定资产后续支出应全部计入固定资产的账面价值。（　　）

7. 经营租赁方式租入设备的改良支出应资本化，计入固定资产账面价值。（　　）

8. 固定资产的日常修理费用，金额较小的通常不符合固定资产的确认条件，应在发生时直接计入当期损益，金额较大的采用预提或待摊的方式处理。（　　）

9. 固定资产更新改造支出不满足固定资产确认条件的，也应在发生时直接计入当期损益。（　　）

10. 未使用固定资产计提的折旧费计入管理费用。（　　）

二、不定项选择题（每题至少有一个正确答案，请将正确答案填在括号内）

1. 与年限平均法相比，采用年数总和法对固定资产计提折旧对资产和利润的影响，正确表述的是（　　）。

A. 计提折旧的初期，企业利润减少，固定资产净值减少

B. 计提折旧的初期，企业利润增加，固定资产原值减少

C. 计提折旧的后期，企业利润减少，固定资产净值减少

D. 计提折旧的后期，企业利润增加，固定资产原值减少

2. 按照《企业会计准则第4号——固定资产》规定，下列各项中，固定资产应计提折旧的是（　　）。

A. 未使用的机器设备　　B. 大修理停用的机器设备

C. 正在改扩建的房屋　　D. 经营租出的设备

3. 下列各项中，影响固定资产折旧计提的主要因素是（　　）。

A. 固定资产的原价　　B. 固定资产的预计使用寿命

C. 固定资产的预计净残值　　D. 固定资产减值准备

4. 下列各项中，企业计提固定资产折旧会计分录正确的是（　　）。

A. 计提行政管理部门固定资产折旧：借记“管理费用”账户，贷记“累计折旧”账户

B. 计提生产车间固定资产折旧：借记“制造费用”账户，贷记“累计折旧”账户

C. 计提专设销售机构固定资产折旧：借记“销售费用”账户，贷记“累计折旧”账户

D. 计提不需用固定资产折旧：借记“管理费用”账户，贷记“累计折旧”账户

5. 下列各项固定资产折旧方法中，更能体现谨慎性原则的是（　　）。

A. 年限平均法　　B. 工作量法

C. 年数总和法　　D. 双倍余额递减法

6. 甲企业对一项原值为320万元、已提折旧150万元的固定资产进行改建，发生改建支出185万元，取得变价收入15万元。则改建后该项固定资产的入账价值是（　　）万元。

A.490　　B.340　　C.505　　D.355

7. 下列各项中，固定资产的后续支出可能记入的账户是（　　）。

A. “管理费用”　　B. “在建工程”　　C. “销售费用”　　D. “财务费用”

8. 下列各项中，关于固定资产后续支出的说法正确的是（　　）。

A. 固定资产的后续支出是指固定资产在使用过程中发生的更新改造支出、修理费用等

B. 在固定资产的更新改造中，如有被替换的部分，应将被替换部分的账面原值从该固定资产原账面价值中扣除

C. 企业生产车间发生的固定资产日常修理费用，记入“制造费用”账户

D. 企业专设销售机构发生的不可资本化的后续支出，记入“销售费用”账户

9. 下列各项中，可以对固定资产的账面价值进行调整的是（　　）。

A. 机器设备进行大修理　　B. 房屋进行改扩建

C. 估计入账的建筑物　　D. 租入设备进行改良

10. 下列各项中，允许资本化支出的是（　　）。

A. 机器设备的安装费　　B. 自建厂房建筑工程人员的工资

C. 固定资产改良支出　　D. 进口设备缴纳的关税

三、核算与分析题

1. 众诚公司2022年12月31日购入不需要安装的生产设备一台，取得的增值税专用发票上注明的设备买价为212万元、增值税税额为27.56万元，运输费为1.8万元、增值税税额为1620元，款项全部付清。预计该设备的净残值为3.8万元，预计使用年限为5年。

要求：

（1）编制众诚公司购买固定资产的会计分录。

（2）分别采用年限平均法、年数总和法与双倍余额递减法计提折旧。

2. 众诚公司上月固定资产原值的变动情况见表7-1。

表7-1　固定资产原值的变动情况　单位：元

固定资产类别	使用部门	上月月初数	上月增加数	上月减少数
房屋建筑物				
A厂房	生产车间	2 500 000	300 000	
B办公楼	管理部门	10 800 000		
设备				
C设备	生产车间	780 000	180 000	62 000
D设备	生产车间	360 000	100 000	94 000
E设备	生产车间	480 000		68 000
累计		14 920 000	580 000	224 000

假定房屋建筑物的月分类折旧率为0.5%，设备的月分类折旧率为1%。

要求：计算上月及本月应计提的折旧额填入表7-2中，并编制本月计提折旧的会计分录。

表7-2　　　　众诚公司固定资产折旧计算表　　　　单位：元

固定资产类别	使用部门	上月月初数	上月增加数	上月减少数	上月应提折旧额	本月应提折旧额
房屋建筑物						
A厂房	生产车间	2 500 000	300 000			
B办公楼	管理部门	10 800 000				
设备						
C设备	生产车间	780 000	180 000	62 000		
D设备	生产车间	360 000	100 000	94 000		
E设备	生产车间	480 000		68 000		
累计		14 920 000	580 000	224 000		

3. 众诚公司的某项固定资产原价为1 020万元，采用年限平均法计提折旧，预计使用年限为10年，预计净残值为20万元。在第6年年初企业对该项固定资产的某一主要部件进行更换，发生支出合计350万元（不考虑相关税费），符合固定资产确认条件。更换工程结束转入生产用固定资产，被更换的部件的原价为400万元（假定不考虑残值）。

要求：

（1）计算更新改造后固定资产的入账价值。

（2）编制有关固定资产部件更换的会计分录。

4. 众诚公司有关业务资料如下：

（1）2019年12月，该公司自行建成一条生产线并投入使用，建造成本为60万元。采用年限平均法计提折旧，预计净残值率为固定资产原价的4%，预计使用年限为8年。

（2）2021年12月31日，由于生产的产品适销对路，现有这条生产线的生产能力已难以满足公司生产发展的需要，公司决定对现有生产线进行改扩建，以提高其生产能力。

（3）2022年3月31日，该公司完成了对这条生产线的改扩建工程，达到预定可使用状态。改扩建过程中发生以下支出：用银行存款购买工程物资一批，增值税专用发票上注明的价款为24万元、增值税税额为3.12万元，已全部用于改扩建工程，同时发生有关人员薪酬7.6万元。

（4）该生产线改扩建工程达到预定可使用状态后，大大地提高了生产能力，预计尚可使用年限为8年，假定改扩建后的生产线的预计净残值率为改扩建后其账面价值的5%，折旧方法仍为年限平均法。

要求：

（1）计算众诚公司改扩建后生产线的成本。

（2）根据上述资料编制有关固定资产改扩建的会计分录。

（3）计算2022年应计提的折旧额。

任务三 固定资产处置和清查的核算

一、判断题（正确的打“√”，错误的打“×”）

1.“固定资产清理”账户的借方登记清理固定资产的账面价值和清理费用。（ ）

2.属于生产经营期间发生的固定资产清理净收益，全部计入营业外收入。（ ）

3.属于筹建期间发生的固定资产清理净损失，计入长期待摊费用。（ ）

4.盘亏固定资产的净损失应当转入“营业外支出”账户。（ ）

5.企业盘盈、盘亏的固定资产，在报经批准处理前，一律通过“待处理财产损溢”账户核算。（ ）

二、不定项选择题（每题至少有一个正确答案，请将正确答案填在括号内）

1.企业转让一台设备，取得价款60万元、增值税税额7.8万元，发生清理费用2万元（增值税普通发票）。该设备原值为62万元，已提折旧10万元。假定不考虑其他因素，出售该设备影响当期损益的金额是（ ）万元。

A.8　　B.6　　C.3.8　　D.13.8

2.下列各项固定资产的处置中，需要通过“固定资产清理”账户核算的是（ ）。

A.报废、毁损固定资产　　B.盘亏固定资产

C.出售固定资产　　D.对外捐赠转出固定资产

3.固定资产盘亏净损失，可能借记的账户是（ ）。

A.“管理费用”　　B.“资产处置损益”

C.“营业外支出”　　D.“长期待摊费用”

4.公司进行盘点时，发现有一台使用中的机器设备未入账，该型号机器设备存在活跃市场，市场价格为800万元，该机器八成新。下列各项会计处理正确的是（ ）。

A. 借：固定资产　　8 000 000
　　贷：待处理财产损溢　　8 000 000

B. 借：固定资产　　8 000 000
　　贷：以前年度损益调整　　8 000 000

C. 借：固定资产　　6 400 000
　　贷：待处理财产损溢　　6 400 000

D. 借：固定资产　　6 400 000
　　贷：以前年度损益调整　　6 400 000

5.通过“固定资产清理”账户核算的处置固定资产的净损益，可能转入的账户是（ ）。

A.“资产处置损益”　　B.“营业外收入”

C.“营业外支出”　　D.“长期待摊费用”

三、核算与分析题

1. 众诚公司出售一幢建筑物，原价480万元，已计提折旧60万元，出售的价格为450万元，增值税税率为13%。假定不考虑除增值税外的其他税费。

要求：编制出售建筑物的会计分录。

2.2022年12月31日，众诚公司一台使用期满、已提足折旧的设备报废，经批准转入清理。该设备原始价值为84万元，已提折旧81.48万元。增值税专用发票上注明：清理费用3 500元、增值税税额210元；残值收入28 000元、增值税税额3 640元，均以银行存款收付。清理工作结束。

要求：编制设备清理相关的会计分录。

3.2022年12月31日，众诚公司对固定资产进行清查，清查结果如下：

（1）盘亏设备一台，该设备原价为20万元，已计提折旧12万元，增值税进项税额为2.6万元。经董事会批准后转作营业外支出。

（2）盘盈汽车一辆，该汽车六成新，该汽车的市场价格为18万元。

要求：编制相关会计分录。

任务四　固定资产减值的核算

一、判断题（正确的打“√”，错误的打“×”）

1. 固定资产的账面价值是指固定资产原值减去累计折旧后的余额，再减去固定资产减值准备的金额。（　　）

2. 按照企业会计准则的规定，对于计提的固定资产减值准备，在以后期间价值恢复时，不能将原已计提的减值准备恢复。（　　）

3.《企业会计准则第8号——资产减值》中的资产减值损失一经确认，在持有期间不可以转回，但是当企业相关资产处置或者用于债务重组偿债、非货币性资产交换等交易，同时符合资产终止确认条件时，应当将其减值准备予以转销。（　　）

4. 年末固定资产的可收回金额低于其账面价值时，应当将固定资产的账面价值减记至可收回金额。（　　）

5. 固定资产减值准备是影响固定资产折旧的因素之一。（　　）

二、不定项选择题（每题至少有一个正确答案，请将正确答案填在括号内）

1. 依据企业会计准则的规定，下列各项中，可据以判断固定资产可能发生减值迹象的是（　　）。

A. 固定资产在经营中所需的现金支出远远高于最初的预算

B. 固定资产已经或者将被闲置、终止使用或者计划提前处置

C. 固定资产的市价在当期大幅度下跌，其跌幅明显高于因时间的推移或者正常使用而预计的下跌

D. 企业所有者权益的账面价值远高于其市值

2. 下列各项关于可收回金额的表述，正确的是（　　）。

A. 可收回金额应当根据资产的公允价值与资产预计未来现金流量的现值两者之间较高者确定

B. 可收回金额应当根据资产的公允价值减去处置费用后的净额与资产预计未来现金流量两者之间较高者确定

C. 可收回金额应当根据资产的公允价值减去处置费用后的净额与资产预计未来现金流量的现值两者之间较高者确定

D. 可收回金额应当根据资产的账面价值减去处置费用后的净额与资产预计未来现金流量的现值两者之间较高者确定

3. 下列各项中，可以转销固定资产减值准备的是（　　）。

A. 该资产对外投资时

B. 该资产对外交换时

C. 该资产抵偿债务时

D. 该资产未来可收回金额超过其账面价值时

4. 下列各项中，能够影响资产预计未来现金流量现值的是（　　）。

A. 资产预计未来现金流量　　B. 资产的使用寿命

C. 折现率　　D. 资产未来持有期间的公允价值变动

5. 下列各项中，确定资产可收回金额时应考虑的处置费用是（　　）。

A. 与资产处置有关的法律费用　　B. 与资产处置有关的增值税

C. 与资产处置有关的搬运费　　D. 与资产处置有关的所得税

三、核算与分析题

1.2022年12月31日，众诚公司对购入的时间相同、型号相同、性能相似的甲类设备进行检查时发现，该类设备可能发生减值。该类设备的原始价值为12 000万元，已提折旧3 000万元。该类设备在2022年12月31日的公允价值总额为8 200万元，直接归属于该类设备的处置费用为200万元，尚可使用3年，预计其在未来2年内产生的现金流量分别为4 000万元、3 000万元，第3年产生的现金流量以及使用寿命结束时处置形成的现金流量合计为2 000万元。在考虑相关因素的基础上，公司采用3%的折现率。

[（P/F，3%，1）=0.97087、（P/F，3%，2）=0.94260、（P/F，3%，3）=0.91514]

要求：

（1）计算该类设备的可收回金额。

（2）计算该类设备应计提的减值准备金额并编制相应的会计分录。

2.众诚公司的一台设备为2019年3月用银行存款购入，增值税专用发票上标明的价款为680万元，进项税额为88.4万元，另支付安装费50万元、增值税税额6.5万元。2019年4月达到预定可使用状态，该设备预计使用寿命为10年，预计净残值为10万元，按年限平均法计提折旧。2021年12月31日该固定资产的可收回金额为560万元。假定计提减值准备后该固定资产的折旧法、预计使用寿命、预计净残值均不变。

要求：

（1）计算该设备2021年12月31日应计提的减值准备金额并作出相应的会计处理。

（2）计算该设备2022年应计提的折旧额。

项目综合训练

1.众诚公司为增值税一般纳税人，假定适用的增值税税率为13%，有关资料如下：

（1）2012年6月，购入需要安装的生产用车床一台，增值税专用发票上注明的价款为102万元、增值税税额为13.26万元，货物运输增值税专用发票上注明的运输费为38 000元、增值税税额为3 420元，货款和运输费开出转账支票予以支付，设备已验收。

（2）2012年7月，该车床安装完毕达到预定可使用状态。安装过程中领用生产用材料4.8万元，该材料应承担的增值税税额为6 240元，安装工人的薪酬为1.2万元，用银行存款支付其他支出4 000元。该设备预计使用年限为10年，预计净残值为4.2万元，众诚公司采用年限平均法计提折旧。

（3）2014年12月31日，由于与该固定资产相关的经济因素发生了不利变化，致使其发生减值，众诚公司估计其可收回金额为77万元。假定计提减值准备后该固定资产的预计使用寿命、预计净残值均不变。

（4）2016年12月31日，众诚公司发现导致该固定资产2014年发生减值损失的不利因素已全部消失，且估计此时可收回金额为60万元。

（5）2022年7月31日，该车床使用期满，经批准转入清理。增值税专用发票列示：清理费用8 000元、增值税税额480元；残值收入35 000元、增值税税额4 550元，均以银行存款收付。清理工作结束。

要求：编制众诚公司从2012年买入设备到2022年固定资产清理结束的有关会计分录。

2. 甲公司发生的有关固定资产业务如下：

（1）2021年12月20日，甲公司向乙公司一次购进三台不同型号且具有不同生产能力的A设备、B设备和C设备，共支付价款4 000万元、增值税税额520万元；运输费30万元、增值税税额2.7万元；另支付A设备安装费18万元、增值税税额2.34万元，B设备和C设备不需要安装。同时，支付购置合同签订、差旅费等相关费用2万元，全部款项已由银行存款支付。

（2）2021年12月28日，三台设备均达到预定可使用状态，三台设备的公允价值分别为2 000万元、1 800万元和1 200万元。该公司按每台设备公允价值的比例对支付的价款进行分配，并分别确定其入账价值。

（3）三台设备预计的使用年限均为5年，预计净残值率均为2%，均使用双倍余额递减法计提折旧。

（4）2022年8月，支付A设备、B设备和C设备日常维修费用价税合计分别为1.2万元、0.5万元和0.3万元（增值税普通发票）。

（5）2022年12月31日，对固定资产进行减值测试，发现B设备实际运行效率和生产能力验证并未完全达到预计的状况，存在减值迹象，其预计可收回金额低于账面价值的差额为120万元，其他各项固定资产未发生减值迹象。

要求：根据上述资料，不考虑其他因素，回答下列第（1）—（5）小题。

（1）根据业务（1）（2），下列各项关于固定资产取得的会计处理表述正确的是（　　）。

A. 固定资产应按公允价值进行初始计量

B. 支付的相关增值税税额不应计入固定资产的取得成本

C. 购买价款、运输费、安装费等费用应计入固定资产的取得成本

D. 固定资产的取得成本与其公允价值差额应计入当期损益

（2）根据业务（1）和业务（2），下列各项计算结果正确的是（　　）。

A.A设备的入账价值为1 612万元

B.B设备的入账价值为1 450.8万元

C.C设备的入账价值为967.2万元

D.A设备分配购进固定资产总价款的比例为40%

（3）根据业务（1）和业务（2），固定资产购置业务引起下列各项增减变动正确的是（　　）。

A. “银行存款”减少4 575.04万元

B. “管理费用”增加2万元

C. “制造费用”增加2万元

D. “应交税费——应交增值税（进项税额）”增加525.04万元

（4）根据业务（3），下列各项关于甲公司固定资产折旧表述正确的是（　　）。

A. 前3年计提折旧所使用的折旧率为40%

B.A设备2022年度应计提的折旧额为652万元

C.B设备2022年度应计提的折旧额为580.32万元

D.计提前3年折旧额时不需要考虑残值的影响

（5）根据业务（4），甲公司支付设备日常维修费引起下列各项变动正确的是（　　）。

A.“固定资产”增加2万元

B.“管理费用”增加2万元

C.“在建工程”增加2万元

D.“营业外支出”增加2万元

项目八

投资性房地产的核算

任务一　投资性房地产的初始计量

一、判断题（正确的打“√”，错误的打“×”）

1.企业自行建造房地产达到预定可使用状态后一段时间才对外出租或用于资本增值的，直接将其作为投资性房地产进行核算。（　）

2.企业以经营租赁方式租入的土地使用权再转租给其他单位的，不能确认为投资性房地产。（　）

3.企业的一幢4层建筑物，第1、2层出租给本企业职工居住，第3、4层作为办公区使用，并且该建筑物的各层均能单独计量和出售。在这种情况下，企业应将第1、2层确认为投资性房地产。（　）

4.按照国家有关规定，企业闲置的土地不属于投资性房地产。（　）

5.一般纳税人企业外购的房地产支付的增值税可以抵扣。（　）

二、不定项选择题（每题至少有一个正确答案，请将正确答案填在括号内）

1.下列各项属于投资性房地产的是（　　）。

A.房地产企业开发的准备出售的房屋

B.房地产企业开发的已出租的房屋

C.企业持有的准备建造房屋的土地使用权

D.企业以经营租赁方式租入的建筑物

2.下列各项属于投资性房地产的是（　　）。

A.企业拥有并自行经营的饭店

B.企业自用的办公楼

C.房地产开发企业正在开发的商品房

D.企业持有拟增值后转让的土地使用权

3.下列各项不属于投资性房地产的是（　　）。

A.企业已出租的建筑物

B.已出租的房屋租赁期届满，收回后继续用于出租但暂时空置的房屋

C.房地产企业持有并准备增值后出售的建筑物

D.企业持有并准备增值后转让的土地使用权

4.2022年5月1日，甲公司购入一幢建筑物用于出租，取得的增值税专用发票上注明的价款为300万元，增值税税额为27万元，发生的契税为5万元，款项均以银行存款支付。购入该建筑物发生的谈判费用为0.2万元，差旅费为0.3万元，也以银行存款支付。该投资性房地产的入账价值为（　　）万元。

A.305　　B.300　　C.305.5　　D.5.5

5.下列各项不属于投资性房地产的是（　　）。

A.已出租的生产线

B.持有并准备增值后转让的建筑物

C.按照国家有关规定认定的闲置土地

D.经营租赁方式租入的建筑物再出租的

6.下列各项表述不正确的是（　　）。

A.按照国家有关规定认定的闲置土地不属于持有并准备增值后转让的土地使用权

B.某项房地产部分用于出租，部分用于自用，能够区分的分开核算出租部分和自用部分

C.某项房地产部分用于出租，部分用于自用，不能区分的全部作为投资性房地产核算

D.某项房地产部分用于出租，部分用于自用，不能区分的全部作为自用房产核算

三、核算与分析题

1.晋华公司为增值税一般纳税人，其投资性房地产采用成本模式进行后续计量。2022年6月1日，晋华公司购入一栋写字楼，增值税专用发票上注明的价款为3 500万元、增值税税额为315万元（增值税税率为9%），发票已认证，款项已用银行存款转账支付。当日晋华公司与乙企业签订了经营租赁合同，将该写字楼自2022年6月1日起出租给乙企业，为期5年。

要求：依据上述资料，编制甲公司2022年6月1日的会计分录。

2.2022年6月，晋雅公司计划购入一栋写字楼用于对外出租，6月12日，该公司与乙企业签订了经营租赁合同，约定自写字楼购买之日起将该写字楼出租给乙企业，为期5年。6月20日，晋雅公司实际购入写字楼，增值税专用发票上注明的价款为2 500万元、增值税税额为225万元，款项已用银行存款转账支付。假定晋雅公司为增值税一般纳税人，其投资性房地产采用公允价值模式进行后续计量。

要求：依据上述资料，编制晋雅公司2022年6月20日的会计分录。

任务二 投资性房地产的后续计量

一、判断题（正确的打“√”，错误的打“×”）

1. 采用成本模式进行后续计量的投资性房地产，其后续计量原则与固定资产或无形资产相同。（ ）

2. 采用成本模式进行后续计量的投资性房地产，在每期计提折旧和摊销时，折旧额或摊销额须记入“管理费用”账户。（ ）

3. 投资性房地产采用公允价值模式进行后续计量的，不对投资性房地产计提折旧或进行摊销，应当以资产负债表日投资性房地产的公允价值为基础调整其账面价值，公允价值与原账面价值之间的差额计入其他业务成本或其他业务收入。（ ）

4. 企业不论在成本模式下，还是在公允价值模式下，投资性房地产取得的租金收入，均确认为公允价值变动损益。（ ）

5. 企业可随意选择成本模式或公允价值模式对投资性房地产进行后续计量。（ ）

二、不定项选择题（每题至少有一个正确答案，请将正确答案填在括号内）

1. 某企业采用成本模式对投资性房地产进行后续计量。2022年6月10日该企业将达到预定可使用状态的自行建造的办公楼对外出租，该办公楼的建造成本为2 500万元，预计使用年限为30年，预计净残值为100万元。在采用年限平均法计提折旧的情况下，2022年该办公楼应计提的折旧额为（ ）万元。

A.80　　B.40　　C.0　　D.83.33

2. 甲企业2022年1月1日外购一幢建筑物。该建筑物的买价（不含税）为400万元，以银行存款支付。该建筑物用于出租，年租金（含税）为43.6万元，增值税税率为9%。每年年初收取租金。该企业对此项投资性房地产采用公允价值模式进行后续计量。2022年12月31日，该建筑物的公允价值为430万元。2022年该项交易影响当期损益的金额为（ ）万元。

A.70　　B.40　　C.30　　D.50

3. 企业对以公允价值模式进行后续计量的投资性房地产的核算，下列各项说法不正确的是（ ）。

A. 取得的租金收入记入“其他业务收入”账户

B. 发生的折旧记入“其他业务成本”账户

C. 应当缴纳的增值税记入“税金及附加”账户

D. 发生的公允价值变动记入“公允价值变动损益”账户

4. 下列各项关于投资性房地产的表述，不正确的是（ ）。

A. 投资性房地产发生减值迹象均要计提减值准备

B. 投资性房地产后续计量可以采用成本模式或公允价值模式

C.同一企业只能采用一种模式对所有投资性房地产进行后续计量

D.企业对投资性房地产的计量模式一经确定，不得随意变更

5.某企业为从事房地产开发的企业。2022年1月3日，该企业将一栋写字楼出租给乙公司，当日该写字楼的账面价值和公允价值均为15 000万元。2022年12月31日，该写字楼的公允价值为15 900万元。该企业对投资性房地产采用公允价值模式进行后续计量。下列各项表述正确的是（　　）。

A.该写字楼不需计提折旧

B.该写字楼公允价值的上升对当期损益的影响金额为900万元

C.转换日不会对当期损益有影响

D.如果公允价值不能可靠取得，应当将其转为成本模式计量

三、核算与分析题

1.甲公司将一栋办公楼出租给乙企业使用，已确认为投资性房地产，采用成本模式进行后续计量。假设这栋办公楼的成本为4 800万元，按照年限平均法计提折旧，预计使用寿命为20年，预计净残值为零。按照经营租赁合同，乙企业按月支付甲公司租金（含税）12.6万元，甲公司的增值税为简易征收，增值税税率为5%。2022年12月，这栋办公楼发生减值迹象，经减值测试，其可收回金额为1 000万元，此时办公楼的账面价值为1 200万元，以前未计提减值准备。

要求：

（1）编制甲公司2022年12月计提折旧的会计分录。

（2）编制甲公司2022年12月收取租金的会计分录。

（3）编制甲公司2022年12月计提减值准备的会计分录。

2. 广厦公司是一家从事房地产经营开发的企业。2022年1月与乙公司签订租赁协议，约定将其开发的一栋精装修的写字楼于开发完成的同时开始租赁给乙公司使用，租赁期为10年，乙公司每年支付给广厦公司租金（含税）218万元，广厦公司的增值税采用一般计税方法，增值税税率为9%。当年7月1日，该写字楼开发完成并开始出租，写字楼的造价为9 000万元。7月1日，广厦公司收到2022年租金109万元（含税）并存入银行。2022年12月31日，该写字楼的公允价值为9 200万元。假设广厦公司采用公允价值计量模式。

要求：根据上述资料，编制广厦公司2022年的相关会计分录。

任务三 投资性房地产转换和处置的核算

一、判断题（正确的打“√”，错误的打“×”）

1.企业出售、转让或报废投资性房地产时，应当将处置收入扣除其账面价值和相关税费后的金额计入所有者权益。 （ ）

2.企业将自有资产转换为以公允价值模式进行后续计量的投资性房地产，处置时，应当将原记入“其他综合收益”账户的金额结转到“其他业务成本”账户中。 （ ）

3.投资性房地产采用成本模式计量，可以对其计提减值准备，但在持有期间该减值准备不得转回。 （ ）

4.在以成本模式计量的情况下，将作为存货的房地产转换为投资性房地产的，应按其在转换日的账面余额，借记“投资性房地产”账户，贷记“库存商品”等账户。 （ ）

5.自用房地产或存货转换为采用公允价值模式计量的投资性房地产时，投资性房地产应当按照转换当日的公允价值计量，公允价值与原账面价值的差额计入当期损益（其他业务收入）。 （ ）

二、不定项选择题（每题至少有一个正确答案，请将正确答案填在括号内）

1.甲公司将一栋写字楼转换为采用成本模式计量的投资性房地产，该写字楼的账面原值为2 500万元，已计提累计折旧50万元，已计提固定资产减值准备150万元，转换日的公允价值为3 000万元，下列各项说法正确的是（ ）。

A.投资性房地产的初始入账价值为3 000万元

B.投资性房地产的初始入账价值为2 500万元

C.投资性房地产累计折旧增加50万元

D.公允价值变动损益贷方增加750万元

2.2022年7月1日，丁公司将部分已经开发完成作为存货的房地产转换为经营性出租，以公允价值模式进行后续计量。该项房地产总价值为8 000万元，其中用于出租部分的价值为2 500万元，2022年7月1日公允价值为2 800万元。下列各项说法正确的是（ ）。

A.转换日该投资性房地产的初始入账价值为2 800万元

B.转换日该投资性房地产的初始入账价值为2 500万元

C.转换日确认其他综合收益300万元

D.转换日确认公允价值变动损益300万元

3.下列各项关于成本计量模式下企业处置投资性房地产会计处理的说法中，正确的是（ ）。

A.应使用“投资性房地产清理”账户

B.应按实收金额贷记“其他业务收入”账户

C.应按投资性房地产的账面价值借记“其他业务成本”账户

D.应将实收金额与投资性房地产账面价值之间的差额计入营业外收支

4.企业处置一项以成本模式计量的投资性房地产，实际收到的金额为70万元，投资性房地产的账面余额为120万元，累计计提的折旧金额为60万元，计提的减值准备金额为20万元。假设不考虑相关税费，处置该项投资性房地产的净收益为（　　）万元。

A.30　　B.20　　C.40　　D.10

5.甲公司2020年1月1日外购一栋建筑物，不含税买价为400万元，该建筑物用于出租，年租金为30万元，每年年初收取。甲公司采用公允价值模式对其进行后续计量。2020年12月31日该建筑物的公允价值为420万元，2021年12月31日该建筑物的公允价值为410万元。2022年6月1日甲公司出售该建筑物，不含增值税的售价为410万元，假定不考虑相关税费，处置时影响损益的金额合计是（　　）万元。

A.0　　B.10　　C.20　　D.30

6.处置采用公允价值模式计量的投资性房地产时，下列各项说法正确的是（　　）。

A.应将确认的投资性房地产累计公允价值变动金额转入其他业务成本，从而影响当期营业利润

B.应将原来在转换日计入公允价值变动损益的金额转入其他业务成本，从而影响当期营业利润

C.应将确认的投资性房地产累计公允价值变动损益的金额转入其他业务成本，但不影响当期营业利润

D.对于投资性房地产的累计公允价值变动金额，在处置时不需要进行会计处理

三、核算与分析题

1.晋元公司拥有一栋办公楼。2022年3月10日，与乙公司签订了经营租赁协议，将该办公楼整体出租给乙公司使用，租赁开始日为2022年6月1日，为期5年。2022年6月1日，该办公楼的账面余额为4 000万元，已提折旧600万元。假设晋元公司对投资性房地产采用成本模式进行后续计量。

要求：

（1）依据上述资料，编制晋元公司2022年6月1日的会计分录。

（2）假设晋元公司对投资性房地产采用公允价值模式进行后续计量。2022年6月1日，该办公楼的公允价值为3 500万元，请编制晋元公司2022年6月1日的会计分录。

2. 艾华公司将其出租的一栋写字楼确认为投资性房地产，采用成本模式进行后续计量。2022年7月25日租赁期满，艾华公司将该写字楼出售给乙公司，增值税采用一般计税方法，增值税税率为9%，增值税专用发票上注明的价款为25 600万元，增值税税额2 304万元，乙公司已用银行存款付清上述价款。出售时，该写字楼的账面余额为25 000万元，已提折旧5 000万元。

要求：根据上述资料，编制艾华公司处置投资性房地产时的相关会计分录。

3. 汇博公司为一家房地产开发企业，2021年3月10日，与乙企业签订了租赁协议，将其开发的一栋写字楼出租给乙企业使用，租赁开始日为2021年4月15日。2021年4月15日，该写字楼的账面余额为42 000万元，公允价值为45 000万元。2021年12月31日，该项投资性房地产的公允价值为46 000万元。2022年6月租赁期届满，企业收回该项投资性房地产并出售，增值税采用一般计税方法，增值税专用发票上注明的价款为42 500万元、增值税税额3 825万元，款项已收讫。汇博公司采用公允价值模式计量投资性房地产。

要求：根据上述资料，编制汇博公司处置投资性房地产时的相关会计分录。

项目综合训练

1.2021 年 12 月 18 日，华夏公司外购一栋写字楼，该写字楼的实际购买价款为 30 000万元，增值税税额2 700万元，预计使用年限为30年，预计净残值为零，采用年限平均法计提折旧。当日华夏公司与乙公司签订租赁合同，将该写字楼整体出租给乙公司，租期为2年，年租金为1 090万元（含税），增值税采用一般计税方法，增值税税率为9%，每年年初支付。2021 年 12 月 31 日为租赁期开始日。华夏公司采用成本模式对投资性房地产进行后续计量。

要求：

（1）编制2021年、2022年华夏公司投资性房地产业务的相关会计分录。

（2）计算2022年年末华夏公司在资产负债表“投资性房地产”项目中列示的金额。

（3）假定租赁期满后华夏公司将其出售，售价（不含税）为29 500万元，增值税采用一般计税方法，增值税税额2 655万元。编制有关租赁期满后将写字楼出售的会计分录。

（4）计算处置时影响损益的金额。

2. 艾丽公司采用公允价值模式计量投资性房地产，增值税采用一般计税方法，增值税率9%。有关资料如下：

（1）2020年1月1日，艾丽公司与乙公司签订协议，将同日外购的写字楼出租给乙公司，租期为3年，每年租金为545万元（其中增值税税额为45万元），于年初收取，2020年1月1日为租赁开始日，2022年12月31日到期。该写字楼的实际购买价款为9 000万元、增值税税额810万元。各年1月1日均收到租金。

（2）2020年12月31日，该投资性房地产的公允价值为12 000万元。

（3）2021年12月31日，该投资性房地产的公允价值为17 000万元。

（4）2022年12月31日租赁协议到期。艾丽公司与乙公司达成协议，将该写字楼出售，价款为20 000万元、增值税税额1 800万元，款项已收到并存入银行。

要求：

（1）编制艾丽公司上述投资性房地产业务相关的会计分录。

（2）计算处置该投资性房地产时影响损益的金额。

项目九

无形资产和其他资产的核算

任务一　无形资产的核算

一、判断题（正确的打“√”，错误的打“×”）

1.企业自行设计并注册使用的商标权属于无形资产。（　）

2.使用寿命有限的无形资产的残值一般视为零。（　）

3.企业的无形资产都必须进行摊销。（　）

4.无形资产摊销时，当月增加的无形资产不进行摊销，当月减少的无形资产要进行摊销。（　）

5.对使用寿命有限的无形资产，如果无法确定其预期实现方式的，应当采用年限平均法摊销。（　）

6.在企业的无形资产研发过程中，开发阶段发生的支出应全部资本化，计入无形资产成本。（　）

7.使用寿命不确定的无形资产应按10年摊销。（　）

8.无形资产的摊销一定会影响当期损益。（　）

9.无形资产减值损失一经确认，在以后持有期间不得转回。（　）

10.需要摊销的无形资产已计提减值准备后，在接下来的期间内每期的摊销金额与计提减值准备前每期的摊销金额是相等的。（　）

二、不定项选择题（每题至少有一个正确答案，请将正确答案填在括号内）

1.下列各项属于无形资产特点的是（　）。

A.不具有实物形态

B.给企业带来的未来经济利益具有不确定性

C.具有可辨认性

D.属于非货币性资产

2.下列各项属于无形资产的是（　）。

A.专利权　B.土地使用权　C.商誉　D.著作权

3.企业开发无形资产已经发生的研发支出，满足资本化条件的，在研究开发项目达到用途形成无形资产时，应借记的账户是（　）。

A.“研发支出——资本化支出”　B.“研发支出——费用化支出”

C.“管理费用”　D.“无形资产”

4.企业选择无形资产的摊销方法，应当反映与该无形资产有关的（　）。

A.经济利益的预期实现方式　B.无形资产的类别

C.无形资产的成本　D.无形资产的取得方式

5.无形资产的账面价值是无形资产的（　）。

A.账面余额扣除累计摊销后的金额

B.账面余额扣除累计摊销和当期计提的减值准备后的金额

C.账面余额扣除当期摊销和当期计提的减值准备后的金额

D.账面余额扣除累计摊销和累计减值准备后的金额

6.下列各项属于无形资产摊销可能记入的账户是（　　）。

A.“制造费用”　　B.“管理费用”

C.“其他业务成本”　　D.“研发支出”

7.2022年1月20日，甲公司自行研发的某项非专利技术已经达到预定可使用状态，累计开发支出为250万元（其中符合资本化条件的支出为200万元），但使用寿命不能合理确定。2022年12月31日，该项非专利技术的可收回金额为180万元。假定不考虑相关税费，甲公司应就该非专利技术计提的减值准备为（　　）万元。

A.20　　B.70　　C.100　　D.150

8.下列各项会引起无形资产账面价值发生增减变动的是（　　）。

A.对无形资产计提减值准备　　B.发生无形资产后续支出

C.摊销无形资产　　D.转让无形资产所有权

9.甲公司2017年1月1日购入一项无形资产。该无形资产的实际成本为500万元，摊销年限为10年。2021年12月31日，该无形资产发生减值，预计可收回金额为180万元。计提减值后，该无形资产的摊销年限不变。2022年12月31日，该无形资产的账面余额为（　　）万元。

A.270　　B.214　　C.114　　D.500

10.企业计提无形资产减值准备应编制的会计分录是（　　）。

A.借记“管理费用”账户，贷记“无形资产减值准备”账户

B.借记“资产减值损失”账户，贷记“无形资产减值准备”账户

C.借记“管理费用”账户，贷记“无形资产”账户

D.借记“资产减值损失”账户，贷记“无形资产”账户

11.下列各项会引起无形资产账面价值发生增减变动的是（　　）。

A.对无形资产计提减值准备

B.企业内部研究开发项目研究阶段发生支出

C.摊销无形资产成本

D.企业内部研究开发项目开发阶段的支出不满足无形资产确认条件

12.下列各项关于无形资产摊销的表述，不正确的是（　　）。

A.企业取得的无形资产均应当在取得当月开始摊销

B.无形资产的合同有效期大于法律规定使用期限的按照合同期限进行摊销

C.无形资产摊销只能采用年限平均法

D.无形资产摊销时不必考虑净残值

13.甲公司为增值税一般纳税人，2022年2月5日以1 800万元的价格从产权交易中心竞价获得一项专利权，另按价款的6%支付增值税。为推广由该专利权生产的产品，甲公司发生宣传广告费25万元、展览费15万元，上述款项均以银行存款支付。甲公司取得该无形资产的入账价值为（　　）万元。

A.1 800　　B.1 908　　C.1 840　　D.1 948

14.下列各项关于无形资产会计处理的表述，正确的是（　　）。

A.当月增加的使用寿命有限的无形资产从下月开始摊销

B.无形资产摊销方法应反映其经济利益的预期实现方式

C.价款具有融资性质的无形资产以总价款确定初始成本

D.使用寿命不确定的无形资产应采用年限平均法按10年摊销

15.下列各项关于无形资产会计处理的表述，正确的是（　　）。

A.自用的土地使用权应确认为无形资产

B.使用寿命不确定的无形资产应每年进行减值测试

C.无形资产均应确定预计使用年限并分期摊销

D.用于建造厂房的土地使用权的账面价值应计入所建厂房的建造成本

三、核算与分析题

1.众诚公司为增值税一般纳税人，2022年12月发生有关无形资产的经济业务如下：

（1）通过技术市场购入一项专利权，增值税专用发票上注明的价款为30万元、增值税税额为1.8万元。注册费、律师费等1.2万元，价款均以银行存款支付，该项专利权购入后立即投入使用。

（2）接受甲公司以某项商标权向本公司投资，双方协商确认的价值为15万元。投资方开具的增值税专用发票上注明的价款为141 509元、增值税税额8 491元。该项商标权已投入使用。

（3）公司内部研发专利权取得成功并已申请取得专利权，本月发生开发费用共计9万元，符合资本化条件，其中领用库存原材料5万元，应付研发人员工资3万元，以银行存款支付其他费用1万元。该专利从2022年年初进入开发阶段，到2022年年末累计发生资本化支出90万元，已达到预定可使用状态并申请专利成功。

（4）公司出租商标权取得收入4万元（含增值税，增值税税率为6%）存入银行，以银行存款支付出租无形资产的相关费用1万元。

要求：根据上述经济业务编制2022年12月份有关无形资产业务的会计分录（不考虑由缴纳增值税引起的应交城市维护建设税等）。

2.2018年1月1日，众诚公司以银行存款300万元购入一项专利权，取得时入账价值为300万元。该无形资产的预计使用年限为10年。2021年年末，预计该无形资产的可收回金额为100万元。2019年1月，该公司内部研发成功一项非专利技术并达到预定可使用状态。该非专利技术作为无形资产，其入账价值为150万元，当时无法预见这一非专利技术为公司带来未来经济利益的期限，2021年年末预计其可收回金额为130万元，预计该非专利技术尚可继续使用4年，该公司按年摊销无形资产。

要求：针对上述无形资产计算该公司2021年应计提的减值准备金额和2022年无形资产摊销金额，并编制2021年计提减值准备和2022年计提摊销的会计分录。

3.2022年1月1日，众诚公司将其拥有的一项无形资产（专利权）出售，售价60万元，另按6%缴纳增值税。全部款项已通过银行收取。出售前该专利权的初始成本为100万元，累计摊销为50万元，已计提减值准备2万元。

要求：

（1）根据上述资料，作出该公司处置该项无形资产的会计处理。

（2）假定出售价格为40万元，另按6%缴纳增值税，作出相应的会计处理。

任务二 其他资产的核算

一、判断题（正确的打“√”，错误的打“×”）

1. 大修理费用如果金额达到一定的标准，可以计入长期待摊费用。（ ）
2. 经营租入固定资产的改良支出应当在发生时计入当期损益。（ ）
3. 融资租入固定资产的改良支出应当在发生时计入长期待摊费用。（ ）
4. 企业的长期待摊费用如果不能使以后会计期间受益的，应将其摊余价值全部转入当期损益。（ ）
5. 其他资产属于非流动资产，应当列示在资产负债表的“其他非流动资产”项目中。（ ）

二、不定项选择题（每题至少有一个正确答案，请将正确答案填在括号内）

1. 下列各项属于其他资产的是（ ）。

A. 信用卡存款　　B. 信用证存款
C. 银行冻结存款　　D. 涉及诉讼的银行存款

2. 企业摊销长期待摊费用时，应借记的账户是（ ）。

A. “管理费用”　　B. “制造费用”　　C. “销售费用”　　D. “财务费用”

3. 下列各项应计入长期待摊费用的是（ ）。

A. 经营租赁设备的改良支出　　B. 自有设备的改良支出
C. 企业发生的设备大修理支出　　D. 经营租入办公楼的装修费

4. 企业在筹建期间发生的费用，应借记的账户是（ ）。

A. “管理费用”　　B. “长期待摊费用”
C. “固定资产”　　D. “销售费用”

5. 下列各项应列示在资产负债表“长期待摊费用”项目中的是（ ）。

A. 年初支付当年的保险费　　B. 预付未来三年的房屋租赁费
C. 固定资产大修理支出　　D. 预付广告制作费

三、核算与分析题

从2022年6月开始，众诚公司对其以经营租赁方式新租入的办公楼进行装修，发生以下有关支出：领用生产用材料58.5万元；辅助生产车间转来劳务结算单，为该装修工程提供劳务支出18万元；与办公楼装修有关人员工资等职工薪酬43.5万元。2022年11月30日，该办公楼装修完工，达到预定可使用状态并交付使用，按租赁期10年开始摊销。

要求：假定不考虑其他因素，根据上述资料编制当年相应业务的会计分录。

项目综合训练

众诚公司为增值税一般纳税人，2020年度至2022年度发生的与无形资产有关的业务如下：

（1）2020年1月10日，众诚公司开始自行研发一项行政管理用非专利技术（人脸识别系统），用于出租或转让。截至2020年5月31日，用银行存款支付外单位协作费74万元，领用材料成本26万元。此时经测试，该项研发活动已完成研究阶段。

（2）2020年6月1日，研发活动开始进入开发阶段。该阶段发生研发人员的薪酬支出35万元，领用材料成本85万元，全部符合资本化条件。2020年12月1日，该项研发活动结束，最终开发形成一项非专利技术并投入使用。该非专利技术预计可使用5年，预计净残值为零，采用年限平均法摊销。

（3）2021年1月1日，众诚公司将该非专利技术出租给乙企业单独使用，双方约定租赁期限为2年，每月月末以银行转账结算方式收取租金1.5万元。

（4）2022年12月31日，租赁期限届满。经减值测试，该非专利技术的可收回金额为52万元。

要求：根据上述资料，不考虑其他因素，回答下列第（1）—（5）小题。

（1）根据业务（1）和（2），众诚公司自行研究开发无形资产的入账价值是（　　）万元。

A.100　　B.120　　C.146　　D.220

（2）根据业务（1）—（3），下列各项关于众诚公司该非专利技术摊销的会计处理表述正确的是（　　）。

A.应当自可供使用的下月起开始摊销

B.应当自可供使用的当月起开始摊销

C.该非专利技术出租前的摊销额应计入管理费用

D.摊销方法应当反映与该非专利技术有关的经济利益的预期实现方式

（3）根据业务（3），众诚公司2021年1月出租无形资产和收取租金的会计处理正确的是（　　）。

A.借：其他业务成本	20 000	
贷：累计摊销		20 000
B.借：管理费用	20 000	
贷：累计摊销		20 000
C.借：银行存款	15 000	
贷：其他业务收入		15 000
D.借：银行存款	15 000	
贷：营业外收入		15 000

（4）根据业务（4），众诚公司2022年年末该非专利技术的减值金额为（　　）万元。

A.0　　B.18　　C.20　　D.35.6

（5）根据业务（1）—（4），众诚公司2022年12月31日在资产负债表“无形资产”项目中列示的金额为（　　）万元。

A.52　　B.70　　C.72　　D.88

项目十

流动负债的核算

任务一 短期借款的核算

一、判断题（正确的打“√”，错误的打“×”）

1.短期借款利息在预提或实际支付时均应通过“短期借款”账户核算。（ ）

2.“短期借款”账户核算短期借款本金和利息的发生及偿还情况。（ ）

3.短期借款利息属于筹资费用，应于发生时直接计入当期财务费用。（ ）

二、不定项选择题（每题至少有一个正确答案，请将正确答案填在括号内）

1.某公司2022年7月1日向银行借入资金60万元，期限6个月，年利率为6%，到期还本，按月计提利息，按季付息。该公司7月31日应计提的利息为（ ）万元。

A.0.3　　B.0.6　　C.0.9　　D.3.6

2.核算短期借款利息时，可能涉及的会计账户是（ ）。

A.“应付利息”　　B.“财务费用”　　C.“银行存款”　　D.“短期借款”

3.企业计提短期借款利息时，应贷记的账户是（ ）。

A.“短期借款”　　B.“管理费用”　　C.“财务费用”　　D.“应付利息”

三、核算与分析题

晋华公司于2022年1月1日向银行借入12万元的短期借款，期限为9个月，年利率为8%，该借款到期后如数归还，利息分月预提，按季支付。

要求：根据上述经济业务编制相关会计分录。

任务二 应付及预收款项的核算

一、判断题（正确的打“√”，错误的打“×”）

1.应付账款附有现金折扣的，应按照扣除现金折扣后的应付账款余额入账。（ ）

2.企业转销确实无法支付的应付账款，应按其账面余额计入资本公积。（ ）

3.在我国会计实务中，不论是带息的应付票据，还是不带息的应付票据，一律按票据的面值记账。（ ）

4.企业签发的不带息银行承兑汇票到期时，应将无力支付的票款转作短期借款。（ ）

5.企业向供货单位采购原材料支付货款开出的商业承兑汇票应通过“应付账款”账户核算。（ ）

6.预收货款业务不多的企业，可以不设置“预收账款”账户，其所发生的预收货款，可通过“应付账款”账户核算。（ ）

7.预收账款与应付账款不同，预收账款所形成的负债不是以货币偿付，而是以货物偿付。（ ）

8.A公司租用某企业机器设备一台，交付租用押金时，应借记“银行存款”账户，贷记“其他应付款”账户。（ ）

9.企业实际支付或退回各种应付、暂收款项时，应记入“其他应付款”账户的贷方。（ ）

10.企业实际收到出租包装物的押金时，应记入“其他应付款”账户的贷方。（ ）

二、不定项选择题（每题至少有一个正确答案，请将正确答案填在括号内）

1.A公司和B公司均为增值税一般纳税人，增值税率为13%。A公司向B公司购买商品1 000件，价目单标价为每件100元。B公司给A公司20%的商业折扣，付款条件为“2/10、1/15、N/30”。A公司在购买后第12天付款，A公司应支付的金额为（ ）元（计算现金折扣时不考虑增值税）。

A.90 400 B.88 800 C.89 496 D.89 600

2.因债权单位撤销或其他原因，企业无法或无须支付的应付款项应记入的账户是（ ）。

A.“其他收益” B.“资本公积”

C.“营业外收入” D.“公允价值变动损益”

3.下列各项中，应登记在“应付账款”账户贷方的是（ ）。

A.购买材料的货款 B.购买包装物而由供应方垫付的运杂费

C.委托加工物资的加工费 D.应付水电费

4.下列各项中，应通过“应付票据”账户核算的是（　　）。

A.用银行本票购买办公用品　　B.用商业汇票购买原材料

C.用转账支票购买固定资产　　D.用银行汇票购买周转材料

5.企业开出并承兑的商业承兑汇票到期时，如无力支付，应在票据到期并未签发新的票据时，将“应付票据”账面余额（　　）。

A.转入“其他应付款”账户　　B.转入“应付账款”账户

C.转入“短期借款”账户　　D.继续保留在“应付票据”账户

6.下列各项应计入当期财务费用的是（　　）。

A.支付银行承兑汇票的手续费

B.开出带息票据

C.期末计算开出、承兑带息票据的应付利息

D.承兑带息票据

7.某企业为增值税一般纳税人，原材料按实际成本核算。2022年8月5日购入甲材料一批，增值税发票上注明价款为50 000元、增值税税额为6 500元，原材料已验收入库。该企业开出并经银行承兑的商业汇票，面值为56 500元、期限5个月。支付银行承兑汇票手续费28.25元，其中增值税税额1.60元。该笔业务企业会计处理正确的有（　　）。

A.财务费用增加28.25元　　B.原材料增加50 000元

C.应交税费减少6501.60元　　D.应付票据增加56 500元

8.某企业预收货款的业务较多，当该企业收到购货单位补付的货款时，应（　　）。

A.借记“应收账款”账户　　B.贷记“应收账款”账户

C.借记“预收账款”账户　　D.贷记“预收账款”账户

9.“预收账款”账户贷方登记的是（　　）。

A.预收货款的数额

B.企业向购货方发货后冲销的预收货款的数额

C.购货单位补付货款的数额

D.退回购货方多付货款的数额

10.下列各项应通过“其他应付款”账户核算的是（　　）。

A.应付的租入包装物租金　　B.应付的赔款和罚款

C.应付的客户存入保证金　　D.结转到期无力支付的应付票据

三、核算与分析题

1.晋华公司为增值税一般纳税人，2022年8月10日从凯盛公司购入甲材料一批，价款400 000元，增值税税率为13%，凯盛公司给予购货方10%的商业折扣，材料当日验收入库；按照购货协议的规定，晋华公司的付款条件为“2/10、1/30、N/60”，公司取得的增值税专用发票已经过税务机关认证。

要求：

（1）编制晋华公司8月10日购入甲材料的会计分录；

（2）假定计算现金折扣时不考虑增值税，晋华公司于8月20日付款，编制晋华公司付款时的会计分录；

（3）假定计算现金折扣时考虑增值税，晋华公司于9月8日付款，编制晋华公司付款时的会计分录。

2. 晋华公司为增值税一般纳税人，2022年5月2日，晋华公司收到4月份电费增值税专用发票，电费76 000元、增值税税额9 880元，并以银行存款支付，公司取得的增值税专用发票已经过税务机关认证。5月末，经计算，本月应付电费78 400元，其中生产车间电费55 600元，行政管理部门电费22 800元，款项尚未支付。

要求：

（1）编制晋华公司5月2日支付电费的会计分录；

（2）编制晋华公司5月末分配电费的会计分录。

3. 晋华公司为增值税一般纳税人，原材料按实际成本计价核算。2022年3月5日从凯成公司购入A材料一批，增值税专用发票上注明价款80 000元、增值税税额10 400元，原材料已验收入库。该公司开出并经银行承兑的商业汇票一张，面值为90 400元、期限4个月。支付银行承兑汇票手续费45.2元，其中增值税税额2.56元。7月5日商业汇票到期，晋华公司通知其开户银行以银行存款支付了票款。公司取得的增值税专用发票已经过税务机关认证。

要求：

（1）编制晋华公司2022年3月5日向凯成公司开出并向银行申请承兑的商业汇票购入A材料的会计分录；

（2）编制晋华公司2022年3月5日支付银行承兑汇票手续费的会计分录；

（3）编制晋华公司2022年7月5日商业汇票到期，支付票款的会计分录；

（4）2022年7月5日商业汇票到期，若晋华公司无力支付票款，请编制相应的会计分录。

4. 甲公司为增值税一般纳税人，适用的增值税税率为13%。2022年2月1日，甲公司与乙公司签订经营租赁（非主营业务）货运汽车合同，向乙公司出租货运汽车三辆，期限为8个月，三辆汽车租金（含税）共计90 400元。合同约定，合同签订日预付租金（含税）33 900元，合同到期结清全部租金余款。合同签订日，甲公司收到租金并存入银行，开具的增值税专用发票注明租金30 000元、增值税税额3 900元。租赁期满日，甲公司收到租金余款及相应的增值税。

要求：

（1）编制甲公司2022年2月1日收到乙公司预付租金的会计分录；

（2）编制甲公司每月末确认租金收入的会计分录；

（3）编制甲公司租赁期满日收到乙公司租金余款及相应增值税的会计分录。

5. 甲公司从2022年4月1日起，以短期租赁方式租入管理用办公设备一批，每月租金（不含税）2万元，按季支付。6月30日，甲公司以银行存款支付租金6万元、增值税税额0.78万元，取得的增值税专用发票已经过税务机关认证。

要求：

（1）编制甲公司2022年4月30计提应付短期租入固定资产租金的会计分录；

（2）编制甲公司2022年6月30日支付本季度租金及增值税的会计分录。

任务三　应付职工薪酬的核算

一、判断题（正确的打“√”，错误的打“×”）

1.企业为职工缴纳的住房公积金不属于职工薪酬的范围，不通过“应付职工薪酬”账户核算。（　）

2.按照我国企业会计准则的规定，企业支付职工因公负伤赴外地就医路费、职工生活困难补助，属于应付职工薪酬的核算范畴。（　）

3.失业保险费应全部计入管理费用。（　）

4.职工薪酬中的工会经费应当根据职工提供服务的受益对象分别计入成本费用。（　）

5.车间管理人员的社会保险费应当计入管理费用。（　）

6.企业提前解除与职工签订的劳动合同而给予职工的补偿金额，不应确认为应付职工薪酬。（　）

7.智云公司的员工李某经批准获得探亲假10天，企业确认为非累积带薪缺勤，该企业应当在其休假期间确认与非累积带薪缺勤相关的职工薪酬。（　）

8.企业应当在职工提供了服务从而增加了其未来享有的带薪缺勤权利时，确认与累积带薪缺勤相关的职工薪酬。（　）

9.企业将拥有的房屋等资产供职工无偿使用的，不应通过“应付职工薪酬”账户核算。（　）

10.资产负债表日企业按工资总额的一定比例计提的基本养老保险属于设定提存计划，应确认为应付职工薪酬。（　）

二、不定项选择题（每题至少有一个正确答案，请将正确答案填在括号内）

1.下列各项不属于职工薪酬的是（　）。

A.职工福利费　　B.职工出差报销的火车票

C.养老保险费　　D.职工工资

2.下列各项属于职工薪酬的“职工”范畴的是（　）。

A.与企业订立劳动合同的全职人员　　B.与企业订立劳动合同的临时人员

C.企业正式任命的独立董事　　D.与企业订立劳动合同的兼职人员

3.某企业支付给职工计时工资5万元，计件工资15万元，综合奖7万元，技术性津贴2万元，生活困难补助8 000元。该企业本期应付职工薪酬中的工资总额为（　）元。

A.31 0000　　B.298 000　　C.200 000　　D.290 000

4.企业作为福利为高管人员配备汽车。计提这些汽车的折旧时，应编制的会计分录是（　）。

A.借记“累计折旧”账户，贷记“固定资产”账户

B.借记“管理费用”账户，贷记“固定资产”账户

C.借记“管理费用”账户，贷记“应付职工薪酬”账户；同时借记“应付职工薪酬”账户，贷记“累计折旧”账户

D.借记“管理费用”账户，贷记“固定资产”账户；同时借记“应付职工薪酬”账户，贷记“累计折旧”账户

5.企业按照辞退计划条款的规定，合理预计并确认辞退福利产生的应付职工薪酬负债，同时全部记入的账户是（　　）。

A.“生产成本”　B.“管理费用”　C.“制造费用”　D.“营业外支出”

6.企业从应付职工薪酬中扣还的个人所得税，贷记的账户是（　　）。

A.“应付职工薪酬”　B.“应交税费——应交个人所得税”

C.“银行存款”　D.“其他应收款”

7.企业计提生产车间管理人员基本养老保险费120 000元。下列各项中，关于该事项的会计处理正确的是（　　）。

A.借：管理费用　120 000
　贷：应付职工薪酬——设定提存计划（基本养老保险费）　120 000

B.借：制造费用　120 000
　贷：应付职工薪酬——设定提存计划（基本养老保险费）　120 000

C.借：制造费用　120 000
　贷：银行存款　120 000

D.借：制造费用　120 000
　贷：其他应付款　120 000

8.下列各项中，应作为职工薪酬计入相关资产成本的有（　　）。

A.设备采购人员差旅费　B.公司总部管理人员的工资

C.生产职工的伙食补贴　D.材料入库前挑选整理人员的工资

9.下列各项应作为应付职工薪酬核算的是（　　）。

A.支付的工会经费　B.支付的职工教育经费

C.为职工支付的住房公积金　D.为职工无偿提供的医疗保健服务

10.下列各项能够计入产品成本的职工薪酬是（　　）。

A.车间管理人员的工资　B.在建工程人员的工资

C.专设销售机构人员的工资　D.企业管理部门人员的工资

三、核算与分析题

1.晋华公司2022年发生与职工薪酬有关的业务如下：

（1）3月31日分配工资费用。“工资费用分配表”中列示的应付工资总额为683 200元，其中产品生产人员工资为369 000元，车间管理人员工资为31 400元，企业行政管理人员工资为83 800元，专设销售机构人员工资为9 000元，在建工程人员工资为100 000元，内部开发人员工资为90 000元（符合资本化条件）。

（2）3月31日结转代扣款项。公司根据“工资费用分配汇总表”结算本月应付职工工资总额683 200元，其中代垫职工房租32 000元，企业代垫职工家属医药费8 000元，代扣个人所得税53 000元，代扣个人负担的社会保险费20 496元和住房公积金75 152元，实发工资494 552元。

（3）3月31日，根据相关规定，分别按照职工工资总额的2%和8%的计提标准，确认应付工会经费和职工教育经费。

（4）3月31日，根据所在地政府规定，按照职工工资总额的16%计提应由公司负担的向社会保险经办机构缴纳的基本养老保险费。（假设以本月工资总额为计提标准）。

（5）3月31日，根据相关规定，按照工资总额的12%计算应由公司负担的向社会保险经办机构缴纳社会保险费共计81 984元；按照工资总额的11%计提应由公司负担的住房公积金共计75 152元。（假设以本月工资总额为计提标准）。

（6）4月8日，以银行存款实际发放工资494 552元。

（7）4月10日，以银行存款实际缴纳社会保险费102 480元，住房公积金150 304元。

（8）公司总部共有部门经理以上职工20名，公司为每人提供一辆桑塔纳汽车免费使用。4月30日，计提每辆汽车4月份的折旧额1 000元。

（9）该公司共有副总裁以上高级管理人员5名，公司为其每人租赁一套面积为200平方米的公寓。4月30日支付本月租金为每套8 000元（含税）。

要求：编制晋华公司上述职工薪酬业务的相关会计分录。

2. 甲公司为增值税一般纳税人，主营洗衣机的生产和销售业务，共有职工200名，其中生产工人180人，管理人员20人。2023年1月，公司决定将自己生产的洗衣机作为福利发放给每名职工。该洗衣机的单位成本为2 000元，售价为每台3 000元，公司适用的增值税税率为13%。

要求：编制甲公司上述业务的会计分录。

3. 远达公司为增值税一般纳税人，共有职工200名，其中生产工人170人，企业管理人员30人。2023年1月，公司决定外购空调扇作为福利发放给职工（每人一台）。外购空调扇每台不含税价800元，增值税税率为13%。远达公司以银行存款支付了外购空调扇的价款和增值税进项税额，增值税专用发票尚未经税务机关认证。

要求：

（1）编制远达公司分配非货币性福利费用的会计分录；

（2）编制远达公司购买空调扇的会计分录；

（3）编制远达公司外购空调扇的增值税经税务机关认证为不可抵扣的增值税进项税额的会计分录；

（4）编制远达公司实际发放非货币性福利（外购空调扇）的会计分录。

任务四 应交税费的核算

一、判断题（正确的打“√”，错误的打“×”）

1.某小规模纳税人企业销售产品一批，所开出的普通发票中注明货款为30 900元，增值税征收率为3%，则其应纳增值税税额为927元。 （ ）

2.增值税一般纳税人企业，取得准予从销项税额中抵扣的增值税扣税凭证，但尚未经税务机关认证的进项税额应记入“应交税费——待认证进项税额”账户。 （ ）

3.企业将生产的应税消费品用于在建工程时，按规定应缴纳的消费税，借记“在建工程”账户，贷记“应交税费——应交消费税”账户。 （ ）

4.由于消费税是价内税，企业用应税消费品用于分配股利、集体福利和个人消费等方面，按规定应缴纳的消费税应记入“税金及附加”账户。 （ ）

5.企业应缴纳的印花税、车船税、房产税应记入“管理费用”账户。 （ ）

6.小规模纳税人购进原材料时，取得的增值税专用发票上注明的增值税税额不可以由销项税额抵扣，应计入所购原材料的成本。 （ ）

7.企业建造办公大楼领用生产用原材料时，相关的增值税应计入所建造的资产成本中，通过“在建工程”账户核算。 （ ）

8.增值税一般纳税人企业对于当月销项税额小于进项税额而形成的留抵税额，月末借记“应交税费——未交增值税”账户，贷记“应交税费——应交增值税（转出多交增值税）”账户。 （ ）

9.增值税一般纳税人企业将自己生产的产品一批，通过减灾委员会捐赠给地震灾区，该产品成本为70万元，售价为100万元，增值税税率为13%。企业计入营业外支出的金额为113万元。 （ ）

10. 企业计算出应缴纳的教育费附加，借记“应付职工薪酬”账户，贷记“应交税费——应交教育费附加”账户。（　　）

二、不定项选择题（每题至少有一个正确答案，请将正确答案填在括号内）

1. 下列各项中，增值税一般纳税人企业应当在“应交税费”账户下设置的二级明细账户是（　　）。

A. 待认证进项税额　　B. 进项税额

C. 销项税额　　D. 已交税金

2. 增值税一般纳税人企业应当在“应交增值税”明细账户内设置的专栏是（　　）。

A. 出口抵减内销产品应纳税额　　B. 转出未交增值税

C. 已交税金　　D. 未交增值税

3. 企业缴纳的下列各项税款，不需要通过“应交税费”账户核算的是（　　）。

A. 消费税　　B. 耕地占用税　　C. 资源税　　D. 印花税

4. 下列各项中，小规模纳税人企业计算出应缴纳的增值税时，应贷记的账户是（　　）。

A. “应交税费——应交增值税”

B. “应交税费——应交增值税（已交税金）”

C. “应交税费——预交增值税”

D. “应交税费——未交增值税”

5. 对增值税一般纳税人企业，下列各项需要转出进项税额的是（　　）。

A. 购进物资用于对外捐赠　　B. 购进物资发生非正常损失

C. 购进物资生产的产品用于广告　　D. 购进物资用于工程建设

6. 企业月末盘亏材料一批，实际成本为100 000元，增值税税额为13 000元，则其会计分录为（　　）。

A. 借：管理费用	100 000	
贷：原材料		100 000
B. 借：待处理财产损溢	113 000	
贷：原材料		100 000
应交税费——应交增值税（进项税额转出）		13 000
C. 借：待处理财产损溢	87 000	
应交税费——应交增值税（进项税额）	13 000	
贷：原材料		100 000
D. 借：待处理财产损溢	87 000	
应交税费——应交增值税（进项税额转出）	13 000	
贷：原材料		100 000

7. 企业缴纳增值税时，进行会计处理时涉及的账户是（　　）。

A. 借记“应交税费——应交增值税（已交税金）”

B. 借记“应交税费——未交增值税”

C. 贷记“应交税费——应交增值税（销项税额）”

D.贷记“银行存款”

8. 增值税一般纳税人企业2022年9月应纳增值税税额为3万元，经企业申请，主管税务机关批准，该企业减半征收增值税1年，先征后退。下列会计处理正确的是（　　）。

A. 借：应交税费——应交增值税（已交税金）　30 000
　　贷：银行存款　30 000

B. 借：银行存款　15 000
　　贷：营业外收入　15 000

C. 借：应交税费——未交增值税　30 000
　　贷：银行存款　30 000

D. 借：银行存款　15 000
　　贷：其他收益　15 000

9. 某企业将自产的煤炭用于生产车间一般消耗，按规定应缴纳的资源税应记入的账户是（　　）。

A. “生产成本”　B. “制造费用”　C. “销售费用”　D. “税金及附加”

10. 企业城市维护建设税是以（　　）为计税依据征收的一种税。

A. 增值税　B. 消费税　C. 资源税　D. 所得税

11. 下列各项应于发生时计入物资成本或生产成本的是（　　）。

A. 小规模纳税企业购入原材料已缴的增值税

B. 将自产煤炭用于本企业产品生产时缴纳的资源税

C. 加工后用于连续生产的委托加工应税消费品受托方代扣代缴的消费税

D. 加工后直接对外销售的委托加工应税消费品受托方代扣代缴的消费税

12. 下列各项按规定于计算缴纳时记入“税金及附加”账户的是（　　）。

A. 城市维护建设税　B. 城镇土地使用税

C. 车船税　D. 印花税

13. 下列各项应计入有关成本的是（　　）。

A. 以产成品对外捐赠应交的增值税

B. 在建工程使用本企业生产的产品应缴的消费税

C. 小规模纳税企业购入商品已交的增值税

D. 出口商品不予退回的增值税部分

14. 某企业适用的城市维护建设税税率为7%，2022年6月份该企业应缴纳增值税20万元、土地增值税3万元、印花税10万元、消费税15万元、资源税2万元，6月份该企业应记入“应交税费——应交城市维护建设税”账户的金额为（　　）元。

A. 16 100　B. 24 500　C. 26 600　D. 28 000

15. 增值税一般纳税人企业委托其他单位加工物资收回后直接对外出售的，其发生的下列支出中，应计入委托加工物资成本的是（　　）。

A. 加工费　B. 增值税

C. 发出材料的实际成本　D. 消费税

16.下列各项应记入“税金及附加”账户的是（　　）。

A.天然气企业对外出售天然气应缴纳的资源税

B.拥有并使用车船的制造业企业应缴纳的车船税

C.房地产企业转让房产应缴纳的土地增值税

D.制造业企业转让自用房产应缴纳的土地增值税

17.下列各项中，属于企业利润表“税金及附加”项目列示内容的是（　　）。

A.商品购销业务应负担的教育费附加

B.出租房产应缴纳的房产税

C.商品购销业务应负担的城市维护建设税

D.销售商品产生的增值税

18.下列各项中，关于增值税一般纳税人会计处理表述正确的是（　　）。

A.已单独确认进项税额的购进货物用于在建工程，应贷记“应交税费——应交增值税（进项税额转出）”账户

B.将委托加工的货物用于对外捐赠，应贷记“应交税费——应交增值税（销项税额）”账户

C.已单独确认进项税的购进货物发生非正常损失，应贷记“应交税费——应交增值税（进项税额转出）”账户

D.企业管理部门领用本企业生产的产品，应贷记“应交税费——应交增值税（销项税额）”账户

三、核算与分析题

1.晋华公司为增值税一般纳税人，适用的增值税税率为13%，本月发生以下经济业务，（月初“应交税费——未交增值税”贷方余额为25 000元）：

（1）购入原材料10万元，增值税专用发票上注明的税款为13 000元，货款已付，材料已入库，取得的增值税专用发票已经过税务机关认证；

（2）销售商品40万元，增值税专用发票上注明的税款为52 000元，货已发出，款项未收到；

（3）用银行存款缴纳当月增值税3万元，缴纳上月增值税25 000元。

要求：

（1）编制晋华公司上述业务的会计分录。

（2）月末计算本月应纳增值税税额。

（3）计算月终转出应交未交增值税额，并作出会计分录。

2. 丽云公司为增值税一般纳税人企业，适用的增值税税率为13%，消费税税率为10%，原材料按实际成本计价核算，销售商品的价格中均不含增值税。该公司2022年3月31日“应交税费——应交增值税”借方余额1万元，该借方余额可用下月的销项税额抵扣。4月份发生如下经济业务：

（1）向乙公司购入A材料一批，增值税专用发票上注明的价款为850 000元、增值税税额为110 500元。发票、账单已经到达，货款已用银行存款支付，材料尚未到达。增值税专用发票已经过认证。

（2）向丙公司购入B材料一批，增值税专用发票上注明的价款为500 000元、增值税税额为65 000元。材料已经到达并验收入库，企业开出并承兑不带息商业汇票一张。增值税专用发票已经过认证。

（3）销售甲产品5 000件，单位售价250元，单位成本150元，该产品按规定需缴纳消费税，货款尚未收到。

（4）丽云公司共有职工200名，其中生产工人150人，企业管理人员20人，专设销售机构人员30人。公司决定将自己生产的丙产品作为福利发放给公司每名职工。该丙产品的单位成本为2 000元，售价为每台3 000元。该产品按规定不需缴纳消费税。

（5）丽云公司收到银行转来某电力公司供电部门开具的增值税专用发票，发票上注明的电费38 000元、增值税税额4 940元，企业以银行存款付讫。增值税专用发票已经过认证。

（6）收购免税农产品一批，作为企业的原材料使用，支付的农产品价款为16万元，农产品已验收入库。（购入免税农产品应按购进凭证上注明的金额（买价）乘以10%计算进项税额，允许抵扣）

（7）委托丁公司加工原材料，发出原材料的总成本为13万元，加工费为5万元，增值税税额为6 500元，加工费以及被代收代缴的消费税20 000元已通过银行支付，取得增值税专用发票已经过认证。加工完毕收回入库，准备直接对外出售。月末，将该材料全部出售，收到价款25万元、增值税税额32 500元。

（8）出口D产品一批，该产品不需缴纳消费税，产品销售价格为65万元，销售成本为40万元，货已发出，货款尚未收到。该批产品的进项税额为54 000元，经计算应退税款为38 000元，经批准可以抵减内销产品应纳税额。

（9）月末盘亏原材料一批，该批原材料的实际成本为90万元、增值税税额为11.7万元。

（10）月末将本月应交未交增值税转入未交增值税明细账户。

要求：

（1）编制上述经济业务相关的会计分录（“应交税费”账户要求写出明细账户及专栏名称）。

（2）计算丽云公司4月份发生的销项税额、应交增值税额和应交未交的增值税额。

3. 甲企业为小规模纳税人，本月购入原材料一批，增值税专用发票上注明的价款160 000元、增值税税额20 800元，企业开出一张商业承兑汇票，材料尚未到达。同期销售产品一批，含税价格为309 000元，增值税征收率为3%，货款尚未收到。月末以银行存款上缴增值税。

要求：根据上述资料编制相关会计分录。

项目综合训练

1. ABC公司为增值税一般纳税人，增值税税率为13%，主要业务是生产和销售家电。2022年3月该企业发生与职工薪酬有关的业务如下：

（1）对行政管理部门使用的设备进行日常维修，应付企业内部维修人员工资1.2万元。

（2）为25位总部部门经理每人提供一辆汽车免费使用，假定每辆汽车每月计提折旧0.08万元。

（3）以银行存款支付当月职工宿舍房租56 500元。该宿舍专供销售人员免费居住。

（4）将50台自己生产的双开门智能冰箱作为福利发放给公司行政管理人员，每台生产成本为1.2万元，市场售价为每台1.5万元（不含增值税）。

（5）以银行存款发放上月销售机构人员职工薪酬460 000元。上月应付销售人员职工薪酬总额为480 000元，按税法规定应代扣代缴的职工个人所得税共计12 000元，发放时收回代垫职工家属的医药费3 000元，从应付职工薪酬中代扣个人应缴纳的医疗社会保险费5 000元。

（6）17日至21日，销售机构职工张某休探亲假5天，按照规定，确认为非累积带薪缺勤。

（7）31日，确认3月销售机构人员职工薪酬，其中，工资为560 000元，按国家规定计提标准应缴纳的基本养老保险费为112 000元，基本医疗保险费、工伤保险费共计53 200元，计提工会经费和职工教育经费共计25 200元。

要求：根据上述资料，不考虑其他因素，分析回答下列小题。

（1）根据业务（1）至（2），下列各项会计处理正确的是（　　）。

A.业务（1）的会计分录

借：管理费用	12 000	
贷：应付职工薪酬		12 000

B.业务（1）的会计分录

借：应付职工薪酬	12 000	
贷：银行存款		12 000

C.业务（2）的会计分录

借：管理费用	20 000	
贷：累计折旧		20 000

D.业务（2）的会计分录

借：应付职工薪酬	20 000	
贷：累计折旧		20 000

（2）根据业务（3），下列各项中，该企业确认并支付职工宿舍租金的会计处理表述正确的是（　　）。

A. 借记“销售费用”账户，贷记“应付职工薪酬”账户

B. 借记“主营业务成本”账户，贷记“应付职工薪酬”账户

C. 借记“应付职工薪酬”账户，贷记“银行存款”账户

D. 借记“销售费用”账户，贷记“银行存款”账户

（3）根据业务（4），下列各项中，会计处理表述正确的是（　　）。

A. 企业应确认应付职工薪酬负债的金额为16 500元

B. 借记“主营业务成本”账户，贷记“库存商品”账户

C. 企业应确认管理费用的金额为847 500元

D. 企业将自产的产品作为福利发给职工，税法应视同销售缴纳增值税销项税额，会计上应确认主营业务收入

（4）根据业务（5），下列各项中，该企业发放2月销售机构人员职工薪酬的会计处理正确的是（　）。

A. 代垫医药费款项：

借：应付职工薪酬　　3 000

　　贷：其他应付款——代垫医药费　　3 000

B. 发放职工薪酬：

借：应付职工薪酬　　460 000

　　贷：银行存款　　460 000

C. 代扣个人所得税：

借：应付职工薪酬　　12 000

　　贷：应交税费——应交个人所得税　　12 000

D. 代扣个人应缴纳的医疗社会保险费

借：应付职工薪酬　　5 000

　　贷：其他应付款——社会保险费　　5 000

（5）根据业务（6），下列各项关于该企业非累积带薪缺勤会计处理的表述，正确的是（　　）。

A. 本期尚未用完的带薪缺勤权利不能结转下期

B. 视同职工出勤不额外作账务处理

C. 确认非累积带薪缺勤时借记“销售费用”账户

D. 本期尚未用完的带薪缺勤权利可以结转下期

（6）根据业务（7），该企业3月31日应记入“应付职工薪酬——设定提存计划”账户的金额是（　　）元。

A.25 200　　B.165 200　　C.112 000　　D.53 200

2. 中诚公司为增值税一般纳税人，适用的增值税税率为13%，2022年该公司发生有关交易或事项如下：

（1）7月1日，因欠丙公司货款500万元向丙公司开具面值为500万元、期限为6个月的无息银行承兑汇票一张。因向银行申请承兑汇票以银行存款支付的汇票手续费1万元。

（2）12月31日，向丙公司开具的银行承兑汇票到期，中诚公司无力支付。

（3）8月5日，将一批原材料委托乙公司将其加工为A产品（非金银首饰的应税消费品）。发出原材料的成本为80万元，支付加工费取得增值税专用发票注明的价款为20万元、增值税税额为2.6万元，乙公司按税法规定代收代缴的消费税为5万元。收回的A产品用于继续生产应税消费品。以上款项均通过银行转账方式支付。

（4）9月1日，与新兴公司签订经营租赁（非主营业务）设备合同，向新兴公司出租设备三台，期限为6个月，三台设备租金（含税）共计67 800元。合同约定，合同签订日预付租金（含税）22 600元，合同到期结清全部租金余款。合同签订日，公司收到租金并存入银行，开具的增值税专用发票注明金额20 000元、增值税税额2 600元。租赁期满日，公司收到租金余款及相应的增值税。

（5）9月30日，计提税金及附加。已知当月实际缴纳的增值税为70万元，消费税为30万元，印花税为6万元，城市维护建设税为7万元，教育费附加为5万元。

（6）该公司实行累积带薪缺勤制度，期末预计10名部门经理人员和15名销售人员未使用带薪休假，预期支付的薪酬金额分别为4万元和8万元。

要求：根据上述资料，不考虑其他因素，分析回答下列小题。

（1）根据业务（1）和业务（2），下列各项中，该公司关于应付票据的会计处理表述正确的是（　　）。

A.借记“应付账款”账户，贷记“应付票据”账户

B.开出应付票据时，无论是商业承兑汇票还是银行承兑汇票，一律按面值入账

C.因向银行申请承兑汇票以银行存款支付的汇票手续费应计入财务费用

D.银行承兑汇票到期无力支付票款时，应将应付票据的账面余额转入应付账款

（2）根据业务（3），收回的委托加工物资的成本为（　　）万元。

A. 100　　B.105　　C.102.6　　D.107.6

（3）根据业务（4），下列各项表述正确的是（　　）。

A.合同签订日公司收到租金并存入银行，会计处理为：借“银行存款”账户，贷“预收账款”“应交税费——应交增值税（销项税额）”账户

B. 企业将设备出租属于非日常活动，应当将租金收入计入营业外收入中

C. 如果企业的预收账款业务不多，可以不单独设置“预收账款”账户，其所发生的预收货款，可通过“应收账款”账户核算

D. 租赁期满收到租金余款时，应记入“预收账款”账户的借方

（4）根据业务（5），该公司当月计提税金及附加的金额为（　　）万元。

A. 88　　B.42　　C.48　　D.37

（5）根据业务（6），下列各项关于该公司累计带薪缺勤事项会计处理的表述，正确的是（　　）。

A. 累计带薪缺勤是指带薪权利可以结转至下期的带薪缺勤，如果本期的权利没有用完，可以在未来期间使用

B. 企业应当在职工提供了服务从而增加了其享有的未来带薪缺勤的权利时，确

认与累计带薪缺勤相关的职工薪酬，并以累积未行使权利而增加的预期支付金额计量

C. 企业应当在职工实际缺勤的会计期间，确认与累计带薪缺勤相关的职工薪酬，并以实际行使权利而增加的支付金额计量

D. 确认累计带薪缺勤时：

借：管理费用　　4

　　销售费用　　8

　　贷：应付职工薪酬　　12

项目十一

非流动负债的核算

任务一　长期借款的核算

一、判断题（正确的打“√”，错误的打“×”）

1.企业每期期末计提一次还本息的长期借款利息通过“应付利息”账户核算。（　　）

2.“长期借款”账户与“短期借款”账户一样只核算借款本金。（　　）

3.长期借款的利息费用全部计入财务费用。（　　）

4.长期借款是指企业从银行或其他金融机构借入的期限在1年以上（不含1年）的各项借款。（　　）

5.长期借款的利息费用全部计入相关资产成本。（　　）

二、不定项选择题（每题至少有一个正确答案，请将正确答案填在括号内）

1.甲公司2022年7月1日从银行借入资金300万元用于研发一项专利，该借款期限为3年，年利率为6%，到期一次还本付息。不考虑其他因素，该公司2022年的利息费用为（　　）万元。

A.18　　B.9　　C.54　　D.36

2.下列各项中，企业确认长期借款利息费用可能记入的账户是（　　）。

A.“财务费用”　　B.“在建工程”

C.“研发支出”　　D.“制造费用”

3.下列各项关于企业长期借款利息的表述，错误的是（　　）。

A.全部费用化计入当期损益

B.全部资本化计入资产成本

C.由企业自行决定计入当期损益或资产成本

D.对不符合资本化条件的计入当期损益

4.企业每期期末计提分期付息到期还本的长期借款（专门用于建造生产线）利息。下列各项中，对该借款利息应当予以资本化的部分，借方应登记的账户是（　　）。

A.“财务费用”　　B.“制造费用”

C.“生产成本”　　D.“在建工程”

5.企业每期期末计提到期一次还本付息的长期借款（专门用于建造生产线）利息。下列关于该借款利息费用化的部分，会计处理表述正确的是（　　）。

A.借记“财务费用”账户　　B.借记“在建工程”账户

C.贷记“长期借款”账户　　D.贷记“应付利息”账户

三、核算与分析题

北华公司2022年9月30日从银行借入资金500万元用于建造仓库，该借款期限为5

年，年利率为6%，每年9月30日付息、到期还本；仓库于2022年1月1日开工建设，截至2022年12月31日仓库尚未完工。

要求：

（1）编制北华公司取得借款的会计分录。

（2）计算北华公司2022年利息费用并编制会计分录。（答案中的金额单位用万元表示）

任务二　租赁负债的核算

一、判断题（正确的打“√”，错误的打“×”）

1. 租赁负债应当按照租赁期开始日尚未支付的租赁付款额的现值进行初始计量。（　　）

2. 租赁付款额不包括承租人预期将行使购买选择权时应支付的行权价格。（　　）

3. 租赁内含利率，是指使出租人的租赁收款额的现值与未担保余值的现值之和等于租赁资产公允价值与出租人的初始直接费用之和的利率。（　　）

4. 在租赁期开始日后，承租人应当采用成本模式对使用权资产进行后续计量。（　　）

5. 租赁负债在租赁期开始日后的账面价值不会发生增减变动。（　　）

二、不定项选择题（每题至少有一个正确答案，请将正确答案填在括号内）

1. 甲公司与乙公司签订了为期6年的商铺租赁合同。每年的租赁付款额为300 000元，在每年年末支付。甲公司无法确定租赁内含利率，其增量借款利率为3.06%。租赁期开始日，甲公司按租赁付款额的现值所确认的租赁负债为1 560 000元。假设不考虑其他因素，承租人甲公司在第一年年末的租赁负债账面价值为（　　）元。

A.1 560 000　　B.1 307 736　　C.47 736　　D.252 264

2. 下列各项关于承租人对租赁的表述，正确的是（　　）。

A. 应当对所有租赁确认使用权资产和租赁负债

B. 可以对短期租赁采用简化处理

C. 可以对低价值资产租赁采用简化处理

D. 不需要对已确认的使用权资产计提折旧

3. 甲公司签订了一份为期6年的房屋租赁合同，用于公司生产经营。相关使用权资产的初始账面价值为900 000元，按直线法在6年内计提折旧。假设不考虑其他因素，甲公司针对该项使用权资产在第6年计提折旧金额为（　　）元。

A.150 000　　B.450 000　　C.900 000　　D.0

三、核算与分析题

甲公司（承租人）与乙公司（出租人）签订了一份车间租赁合同，每年的租赁付款额为20 000元，于每年年末支付，不可撤销租赁期为10年。甲公司无法确定租赁内含利率，其增量借款利率为5%。已知：（P/A，5%，10）= 7.721 7；假设不考虑其他因素。

要求：

（1）计算确定甲公司在租赁期开始日的租赁负债（未确认融资费用）。

（2）计算确定甲公司在租赁期开始日的使用权资产。

（3）编制甲公司在租赁期开始日的会计分录。

任务三　长期应付款的核算

一、判断题（正确的打“√”，错误的打“×”）

1. 企业在确认长期应付款时形成的未确认融资费用应当在付款期内各个期间进行分摊。　（　　）

2. 企业以分期付款方式购入资产发生的应付款项形成长期应付款。　（　　）

3. 企业购入资产超过正常信用条件延期付款实质上具有融资性质时，应按购买价款的现值为基础确定所购资产的成本。　（　　）

4. “未确认融资费用”账户是“长期应付款”账户的备抵账户。　（　　）

5. 资产负债表中“长期应付款”项目的期末余额与“长期应付款”账户期末余额相等。　（　　）

二、不定项选择题（每题至少有一个正确答案，请将正确答案填在括号内）

1.2022年12月31日，某企业的“长期应付款”账户贷方余额为300万元，“未确认融资费用”账户借方余额为39万元，“未实现融资收益”账户贷方余额为24万元，该企业长期应付款的账面价值是（　　）万元。

A.276　　B.261　　C.339　　D.324

2. 下列各项中，应通过“长期应付款”账户核算的是（　　）。

A. 应付出租包装物的押金

B. 应付租入包装物的租金

C. 应付购买材料的款项

D. 具有融资性质以分期付款方式购入生产设备发生的应付款项

3. 下列各项中，不属于长期应付款的是（　　）。

A. 应付职工的医药费

B. 应付投资者的利润

C. 应付税务机关的税收滞纳金

D. 应付供货商的商业承兑汇票

三、核算与分析题

2022年7月1日，甲公司从乙公司购买设备一台，合同价款为900万元，款项分3次支付，自次年起每年7月1日支付300万元。当即以银行存款支付增值税税额117万元。该设备购买价款的现值为802万元，折现率为6%。该设备预计使用8年，预计净残值为2万元，采用直线法摊销。甲、乙公司均为一般纳税人。

要求：

（1）确定甲公司2022年7月1日购买设备的入账价值，并编制相关会计分录。

（2）计算甲公司2022年12月31日固定资产的账面价值，并编制2022年固定资产折旧的会计分录。

（3）计算甲公司2022年12月31日长期应付款的账面价值，并编制2022年未确认融资费用摊销的会计分录。（答案中的金额单位用万元表示）

项目综合训练

甲公司为增值税一般纳税人，2022年发生有关借款业务如下：

（1）1月5日，从建设银行借入100万元，用于研发一项专利技术；该借款期限为1年半、年利率为4.5%，到期一次还本付息。该项专利技术已进入开发阶段，发生费用符合资本化条件。

（2）12月31日，上述专利技术研发完毕，并申请注册专利。

（3）12月31日，从光大银行借入200万元，用于建造仓库；该借款期限为3年、年利率为6%，每年末付息、到期还本。仓库于2023年1月1日开工建设，2023年6月30日完工。

要求：根据上述资料，不考虑其他因素，回答下列第（1）—（4）小题。

（1）根据资料（1），下列各项中，甲公司对建设银行借款利息的会计处理表述正确的是（　　）。

A.2022年利息费用计入财务费用

B.2023年利息费用计入财务费用

C.2022年利息费用计入研发支出

D.2022年利息费用计入应付利息

（2）根据资料（1）和（2），甲公司计入专利技术的利息费用是（　　）万元。

A.2.25　　B. 4.5　　C. 6.75　　D.9

（3）根据资料（3），下列各项中，甲公司借入款项的会计处理表述正确的是（　　）。

A. 借入款项时，“短期借款”账户增加200万元

B. 借入款项时，“长期借款”账户增加200万元

C.2023年计提利息时，“在建工程”账户增加6万元

D.2023年计提利息时，“财务费用”账户增加6万元

（4）根据资料（3），2023年12月31日，甲公司光大银行借款的账面价值是（　　）万元。

A.200　　B. 206　　C. 212　　D.236

（5）甲公司在2022年前无长期借款。根据资料（1）至（3），2022年12月31日，甲公司资产负债表中“长期借款”项目的期末余额是（　　）万元。

A.200　　B. 300　　C. 304.5　　D.306.75

项目十二

所有者权益的核算

任务一　实收资本的核算

一、判断题（正确的打“√”，错误的打“×”）

1.投资者投入企业的资本全部是企业的实收资本。（　　）

2.企业发行股票支付的手续费等发行费用，应当计入当期财务费用。（　　）

3.股份有限公司溢价发行股票时，股票溢价的净收入计入营业外收入。（　　）

4.库存股是企业的资产，企业回购库存股会使其所有者权益增加。（　　）

5.以减资为目的溢价收购本企业股票，收回的股票注销时凡是属于溢价发行的，超出面值付出的价格，应先冲销溢价收入，不足部分，依次冲销盈余公积和未分配利润。（　　）

二、不定项选择题（每题至少有一个正确答案，请将正确答案填在括号内）

1.下列各项中，在“实收资本”账户贷方登记的是（　　）。

A.投资者投入的资本　　B.按规定减资引起的投入资本的减少

C.资本公积转增的资本　　D.盈余公积转增的资本

2.企业收到固定资产投资，应按（　　）贷记“实收资本”账户。

A.固定资产的原账面价值　　B.所占注册资本或股本的份额

C.投资合同中协议约定的价值　　D.固定资产的评估价值

3.企业吸收投资者出资时，下列各项中，账户余额可能发生变化的是（　　）。

A.“盈余公积”　　B.“资本公积”　　C.“实收资本”　　D.“利润分配”

4.下列各项中，属于企业增加股本途径的是（　　）。

A.股东投资　　B.盈余公积转入

C.接受投资者捐赠　　D.分配股票股利

5.下列各项中，最终只导致所有者权益内部结构发生变动的是（　　）。

A.资本公积转增资本　　B.宣告分派现金股利

C.发放股票股利　　D.接受投资者追加投资

三、核算与分析题

1.甲公司是A公司与B公司共同出资组建的有限责任公司，于2022年1月1日设立，注册资本总额为300万元，A公司和B公司的出资比例为6∶4。

（1）1月1日，按投资合同规定，A公司以一座账面原价240万元、已提折旧40万元的厂房投资，双方确认的该厂房价值为180万元，并已办妥产权划转等相关手续，取得了甲公司的实际控制权。

（2）1月2日，B公司以120万元货币资金投资。

要求：

（1）编制甲公司接受A公司投资的会计分录。
（2）编制甲公司接受B公司投资的会计分录。

2.乙公司委托券商代理发行股票5 000万股，每股面值1元，每股发行价格6元。按发行价格的1%向券商支付发行费用，发行股票期间冻结的利息收入为50万元。

要求：编制上述业务的会计分录。

任务二　资本公积和其他综合收益的核算

一、判断题（正确的打“√”，错误的打“×”）

1.资本公积与实收资本一样，都是由投资者对企业直接投入而形成的。（　　）
2.股份有限公司发行股票发生的相关交易费用，计入当期损益。（　　）
3.交易性金融资产公允价值变动形成的利得计入其他综合收益。（　　）
4.经过董事会决议之后，可以用全部资本公积转增资本。（　　）
5.除了资本溢价、股本溢价以外形成的计入所有者权益的利得都是其他综合收益。（　　）

二、不定项选择题（每题至少有一个正确答案，请将正确答案填在括号内）

1.下列各项中，对于资本公积的使用，符合规定的是（　　）。

A.资本公积转增资本　　B.资本公积弥补亏损
C.资本公积发放股利　　D.资本公积用于集体福利设施建设

2.某上市公司发行普通股股票3 000万股，每股面值1元，每股发行价5元，支付各种发行费用100万元，则“资本公积——资本溢价”账户的入账金额是（　　）万元。

A.12 000　　B.14 900　　C.11 900　　D.15 000

3.法定盈余公积转增资本后，所留存的该项盈余公积不得少于转增前公司注册资本的（　　）。

A.50%　　B.40%　　C.60%　　D.25%

4.资本公积转增资本后，下列各项的说法正确的是（　　）。

A.所有者权益总额变化　　B.所有者权益总额不变

C.所有者权益内部结构发生变化　　D.实收资本增加

5.下列各项中，可能引起企业其他综合收益变动的是（　　）。

A.溢价发行股票

B.权益法核算长期股权投资，被投资单位其他综合收益的变动

C.交易性金融资产公允价值变动

D.自用房地产转换为以公允价值模式计量的投资性房地产

三、核算与分析题

众城公司2022年12月发生下列交易和事项：

（1）持有的M公司股票公允价值上升120万元，众城公司将该股票划分为交易性金融资产。

（2）持有P公司30%的股份，具有重大影响，众城公司采用权益法核算长期股权投资。P公司其他综合收益贷方增加220万元，其他资本公积贷方增加150万元。

（3）将自用办公楼转为以公允价值模式计量的出租房，该房屋的账面原值为3 328万元，已提折旧1 100万元，转换日的公允价值为2 940万元。

要求：编制上述业务的会计分录。

任务三 留存收益的核算

一、判断题（正确的打“√”，错误的打“×”）

1.提取盈余公积会导致企业所有者权益增加。（ ）
2.留存收益包括资本公积、盈余公积和未分配利润。（ ）
3.用盈余公积弥补亏损或转增资本，不会引起所有者权益总额的变动。（ ）
4.企业用税后利润弥补以前年度亏损，不需进行专门的账务处理。（ ）
5.企业以盈余公积向投资者分配现金股利，不会引起留存收益总额的变动。（ ）
6.董事会或类似机构审议通过的利润分配方案中拟分配的现金股利或利润，应确认为负债。（ ）
7.企业分配股票股利不会引起所有者权益总额发生变化。（ ）
8.年末结转后“利润分配”账户没有余额。（ ）

二、不定项选择题（每题至少有一个正确答案，请将正确答案填在括号内）

1.下列各项中，构成企业留存收益的是（ ）。
A.资本公积 B.盈余公积 C.未分配利润 D.应付利润
2.下列各项中，不属于企业留存收益的是（ ）。
A.法定盈余公积 B.任意盈余公积 C.资本公积 D.未分配利润
3.下列各项中，能够引起所有者权益总额变化的是（ ）。
A.以资本公积转增资本
B.增发新股
C.向股东支付已宣告分派的现金股利
D.以盈余公积弥补亏损
4.下列各项中，最终仅仅影响所有者权益结构发生变化的是（ ）。
A.接受现金捐赠 B.宣告分派现金股利
C.宣告发放股票股利 D.接受投资者追加投资
5.下列各项中，可用于弥补企业亏损的是（ ）。
A.法定盈余公积 B.任意盈余公积
C.未分配利润 D.股本溢价
6.下列各项中，能够引起负债和所有者权益项目同时发生变动的是（ ）。
A.用盈余公积分配现金股利 B.企业提取固定资产折旧
C.用长期借款自建固定资产 D.宣告现金股利分配方案
7.企业按规定从税后利润中提取盈余公积时，涉及的账户是（ ）。
A.“利润分配——提取法定盈余公积”
B.“利润分配——提取任意盈余公积”

C. “盈余公积——法定盈余公积”

D. “盈余公积——任意盈余公积”

8. 某企业年初盈余公积余额500万元，本年提取法定盈余公积200万元，提取任意盈余公积100万元，用盈余公积转增资本200万元，该企业盈余公积的年末余额为（　　）万元。

A.450　　B.500　　C.550　　D.600

9. 某企业年初未分配利润100万元，本年实现的净利润200万元，按10%和5%分别提取法定盈余公积和任意盈余公积。该企业年末可供普通股股东分配的利润为（　　）万元。

A.200　　B.255　　C.270　　D.300

10. 某企业2022年年初未分配利润借方余额80万元，本年度实现净利润200万元，分别按10%和5%提取法定盈余公积和任意盈余公积。假定不考虑其他因素，该企业2022年年末未分配利润的贷方余额应为（　　）万元。

A.250　　B.90　　C.120　　D.102

三、核算与分析题

众城股份有限公司2022年年初未分配利润贷方余额700万元，盈余公积贷方余额600万元。2022年实现净利润1 400万元。法定盈余公积和任意盈余公积的计提比例都为10%。2023年1月23日，股东大会宣告分配现金股利500万元。因扩大经营规模的需要，2023年3月2日股东大会批准该公司用盈余公积400万元转增资本。

要求：

（1）编制上述业务的会计分录。

（2）计算2022年年末未分配利润，并编制年末结转本年利润和利润分配的会计分录。

（3）假定众城股份有限公司2022年年初未分配利润为借方余额700万元，请计算2022年计提的法定盈余公积、任意盈余公积和2022年年末的未分配利润。

项目综合训练

甲公司属于制造企业，为增值税一般纳税人，由A、B、C三位股东于2020年12月31日分别出资40%、35%和25%设立。有关资料如下：

（1）2020年12月31日三位股东的出资方式及出资额见表12-1，各位股东的出资已全部到位，并经中国注册会计师验资，有关法律手续已经办妥。

表12-1　投资者出资情况表　单位：万元

出资者	货币资金	实物资产	无形资产	合　计
A	270		50（专利权）	320
B	130	150（设备）		280
C	170	30（汽车）		200
合计	570	180	50	800

（2）2021年甲公司实现净利润400万元，于2022年1月20日决定分配现金股利100万元，计划在2022年2月10日支付。

（3）假定2022年12月31日，吸收D股东加入本公司，将甲公司注册资本由原来的800万元增加到1 000万元。D股东以银行存款100万元、原材料56.5万元（增值税专用发票上注明的材料计税价格为50万元，增值税税额6.5万元）出资，占增资后注册资本10%的股份；其余的100万元增资由A、B、C三位股东按原持股比例以银行存款出资。

2022年12月31日，四位股东的出资已全部到位，并取得D股东开出的增值税专用发票，有关的法律手续已经办妥。

要求：根据上述资料，回答下列第（1）—（5）小题。

（1）根据业务（1），甲公司2020年12月31日收到投资者投入资本时，下列各项中，处理正确的是（　　）。

A.甲公司的资本总额为800万元

B.A股东在注册资本中享有的份额为320万元

C.甲公司收到的货币资金投资按照实收额入账

D.甲公司收到的实物资产投资按照账面价值计量

（2）根据业务（1）和业务（2），下列各项说法正确的是（　　）。

A.提取法定盈余公积40万元

B.2021年年末所有者权益总额为1 060万元

C.2021年年末所有者权益总额为1 100万元

D.2021年年末未分配利润为260万元

（3）根据业务（3），甲公司2022年12月31日增资时，下列各项的处理正确的是（　　）。

A.实收资本增加200万元　　B.实收资本增加258万元

C.甲公司产生资本溢价56.5万元　　D.甲公司产生资本溢价50万元

（4）甲公司2022年12月31日增资扩股后，各股东的持股比例正确的是（　　）。

A.A股东36%　　B.B股东31.5%　　C.C股东22.5%　　D.D股东10%

（5）2022年12月31日，下列各项关于甲公司财务状况的说法正确的是（　　）。

A.资产总额1 056.5万元　　B.资产总额不确定

C.所有者权益总额1 318万元　　D.所有者权益总额1 356.5万元

项目十三

收入的核算

任务一　合同收入与合同成本的确认和计量

一、判断题（正确的打“√”，错误的打“×”）

1. 收入能够导致企业所有者权益增加，但导致所有者权增加的不一定都是收入。（　　）

2. 企业只要有经济利益流入就应当确认为企业的收入。（　　）

3. 企业确实无法支付的应付账款属于企业的收入。（　　）

4. 旅游公司收到的代客户支付的门票费、机票费、住宿餐饮费等款项不属于旅游公司的收入。（　　）

5. 企业销售固定资产取得的款项属于企业的收入。（　　）

6. 以前年度销售并确认收入的商品，在上年度财务会计报告批准报出后，本年度终了前退回的，应冲减上年度的收入与成本。（　　）

7. 不符合商品销售收入确认条件但已发出商品的成本，一般应在资产负债表的“存货”项目中反映。（　　）

8. 对于附有销售退回条件的商品销售，如果不能合理确定退货的可能性应在售出商品退货期满时确认收入。（　　）

9. 企业在确认商品销售收入后发生的销售折让，应在实际发生时记入“财务费用”账户。（　　）

10. 采用预收款方式销售产品的情况下，应当在收到货款时确认收入的实现。（　　）

11. 对于在某一时点履行的履约义务，企业应当在履行了合同中的履约义务，即在客户取得相关商品控制权时确认收入。（　　）

12. 对于在一段时间内履行的履约义务，且履约进度能合理确定的，企业应当在该段时间内按照履约进度确认收入。（　　）

二、不定项选择题（每题至少有一个正确答案，请将正确答案填在括号内）

1. 企业与同一客户同时订立或在相近的时间内先后订立两份或多份合同，在满足下列条件之一时，应当合并为一份合同进行会计处理（　　）。

A. 该两份或多份合同基于同一商业目的而订立并构成一揽子交易

B. 该两份或多份合同中一份合同的对价金额取决于其他合同的定价或履行情况

C. 该两份或多份合同中所承诺的商品（或每份合同中所承诺的部分商品）构成单项履约义务

D. 该两份或多份合同不是基于同一商业目的

2. 工业企业取得下列款项中，符合“收入”会计要素定义的是（　　）。

A. 出租固定资产收取的租金　　　　B. 出售固定资产收取的价款

C. 出售原材料收取的价款　　　　　　　D. 出售自制半成品收取的价款

3. 下列各项属于工业企业其他业务收入的是（　　）。

A. 提供运输劳务所取得的收入　　　　　B. 提供加工装配劳务所取得的收入

C. 出租无形资产所取得的收入　　　　　D. 销售材料产生的收入

4. 下列各项关于收入确认的表述，符合企业会计准则规定的是（　　）。

A. 提供与商品销售分开的安装劳务应当与销售商品一并确认销售商品收入

B. 附有销售退回条件的商品销售应当在销售退货期满时确认收入

C. 年度终了时尚未完成的广告制作且履约进度能够合理确定，应当按照项目的完工程度确认收入

D. 对于属于某一时点履行的履约义务企业应当在客户取得相关商品控制权时点确认收入

5. 下列各项属于收入的是（　　）。

A. 债权性投资在持有期间取得的利息

B. 销售材料取得的价款

C. 报废固定资产所形成的净收益

D. 进行权益性投资获得的应计入投资收益的现金股利

6. 甲公司为增值税一般纳税人，适用的增值税税率为13%。2022年5月1日，甲公司向乙公司销售商品一批，按价目表标明的价格计算，不含税的售价总额为20 000元。甲公司同意给予乙公司10%的商业折扣；同时为鼓励乙公司及早付清货款，甲公司规定了现金折扣条件为（按含增值税的售价计算）“2/10、1/20、N/30”。假定甲公司5月8日收到该笔销售的全部价款（含增值税），则实际收到的价款为（　　）元。

A.19 933.2　　　B.19 980　　　C.20 340　　　D.20 136.6

7. 如果商品的售价内包括可区分的在销售时超过法定质保期限的服务费，企业应在商品销售时，（　　）确认销售商品收入。

A. 按扣除该项服务费后的售价　　　　　B. 按总售价加增值税税额

C. 按服务费　　　　　　　　　　　　　D. 按包含服务费的售价

8. 若企业售出的商品附有退货条款，但无法确定其退货的可能性，其销售收入应在（　　）确认。

A. 发出商品时　　　B. 收到货款时　　　C. 签订合同时　　　D. 退货期满时

9. 在确定交易价格时，企业应当考虑的因素是（　　）。

A. 可变对价　　　　　　　　　　　　　B. 合同中存在的重大融资成分

C. 非现金对价　　　　　　　　　　　　D. 应付客户对价

10. 下列各项属于在某一时段履行履约义务的是（　　）。

A. 客户在企业履约的同时即取得并消耗企业履约所带来的经济利益

B. 客户能够控制企业履约过程中在建的商品

C. 企业履约过程中所产出的商品具有不可替代用途，且该企业在整个合同期内有权就累计至今已完成的履约部分收取款项

D. 在企业履行履约义务前，客户必须预付部分货款

三、核算与分析题

1.A公司与客户签订合同，每周为客户的办公楼提供保洁服务，合同期限为3年，客户每年向A公司支付服务费10万元（假定该价格反映了合同开始日该项服务的单独售价）。在第二年年末，合同双方对合同进行了变更，将第3年的服务费调整为8万元（假定该价格反映了合同变更日该项服务的单独售价），同时以20万元的价格将合同期限延长3年（假定该价格不反映合同变更日该项服务的单独售价），即每年的服务费为6.67万元，于每年年初支付。上述价格均不含增值税。

要求：分析合同及合同变更对每年收入确认的影响。

2.甲公司是一家造船企业，与乙公司签订了一份船舶建造合同，按照乙公司的具体要求设计和建造船舶。甲公司在自己的厂区内完成该船舶的建造，乙公司无法控制在建过程中的船舶。甲公司如果想把该船舶出售给其他客户，需要发生较大的改造成本。双方约定，如果乙公司单方解约，乙公司需要向甲公司支付相当于合同总价30%的违约金，且建造中的船舶归甲公司所有。假定该合同仅包括一项履约义务，即设计和建造船舶。

要求：分析该合同规定的履约义务，是属于某一时段内履行的履约义务，还是属于某一时点履行的履约义务。

3.甲公司是一家咨询公司，2022年12月，其通过竞标赢得一个新客户，为取得和该客户的合同，甲公司在当月发生下列支出：

（1）聘请外部律师进行尽职调查支出15 000元。

（2）因投标发生差旅费10 000元。

（3）销售人员佣金5 000元，甲公司预期这些支出未来能够收回。

（4）甲公司根据其年度销售目标、整体盈利情况及个人业绩等，向销售部门经理支付年度奖金10 000元。

要求：分析上述支出与合同成本的关系。

任务二　收入业务的会计处理

一、判断题（正确的打“√”，错误的打“×”）

1.合同开始日不符合收入确认标准的合同，企业不能确认收入，已经发出的商品应当通过“发出商品”科目进行核算。（　）

2.企业销售商品涉及现金折扣的，应当按照扣除现金折扣后的金额确定交易价格。（　）

3.合同中存在重大融资成分的销售，企业应当按照假定客户在取得商品控制权时即以现金支付的应支付金额确定交易价格。企业预计客户取得商品控制权与客户支付价款间隔不超过一年的，可以不考虑合同中存在的重大融资成分。（　）

4.对于在一段时间内履行的履约义务，企业在确定履约进度时，应当考虑商品的性质，采用产出法或投入法确定恰当的履约进度。（　）

5.对于在一段时间内履行的履约义务，且履约进度不能合理确定的，企业不应当确认收入，直到履约进度能够合理确定为止。（　）

6.某企业将生产的标准电梯销售给某一客户，并负责电梯的安装工作，至会计期末电梯已发送至客户，客户取得电梯控制权，但安装工作尚未完成，则该企业在会计期末

应确认电梯的销售收入。（　）

7.安装费、广告的制作费、为特定客户开发软件的收费、包括在商品价内可区分的服务费，企业应当根据履约进度能否合理确定分别确认收入。（　）

8.企业转让无形资产使用权时，如果合同或协议规定一次性收取使用费，且提供后续服务的，应视同销售该项资产一次性确认收入。（　）

9.属于提供设备和其他有形资产的特许权收入，应在交付资产或资产的所有权转移时确认为收入。（　）

10.企业应当根据其在向客户转让商品前是否拥有对相关商品的控制权来判断其从事交易时的身份是主要责任人还是代理人。（　）

二、不定项选择题（每题至少有一个正确答案，请将正确答案填在括号内）

1.甲公司2022年5月13日与客户签订一项工程劳务合同，合同期为9个月，合同总收入为500万元，预计合同总成本为350万元；至2022年12月31日，实际发生成本160万元。甲公司按实际发生的成本占预计总成本的百分比确定劳务合同履约进度。在年末确认劳务收入时，甲公司发现，客户已发生严重的财务危机，估计只能从工程款中收回150万元。以上合同收入与合同成本均不含增值税，则甲公司2022年度应确认的劳务收入为（　）万元。

A.228.55　　B.160　　C.150　　D.10

2.企业对外销售并需要上门安装的商品时，若安装和检验属于销售合同的重要组成部分并单独收费，则企业应确认该商品销售收入的时间是（　）。

A.在客户取得商品控制权时　　B.收到商品销售货款时

C.商品运抵并开始安装时　　D.商品安装完毕并检验合格时

3.某企业于2021年11月接受一项产品安装任务，按履约进度法确认劳务收入，预计安装期为15个月，合同总收入为200万元，合同预计总成本为158万元。至2022年年底已预收款项160万元，余款在安装完成时收回，至2022年12月31日实际发生成本152万元，预计还将发生成本8万元。2021年已确认收入80万元，以上合同收入与合同成本均不含增值税，则该企业2022年度应确认的收入为（　）万元。

A.190　　B.110　　C.78　　D.158

4.与合同成本相关的下列支出应当在发生时将其费用化，计入当期损益的是（　）。

A.管理费用

B.非正常消耗的直接材料、直接人工和制造费用（或类似费用），这些成本为履行合同发生但未反映在合同价格中

C.与履约义务中已履行部分相关的支出

D.无法在尚未履行的与已履行的履约义务之间区分的相关支出

5.甲企业2022年1月1日向乙企业转让某项专利的使用权，为期6年，同时甲企业承诺提供后续服务。已知甲企业2022年1月一次性向乙企业收取专利权使用费120万元，并支付相关税费3万元，甲企业取得的120万元专利权使用费中包括第一年和第二年的服务费各10万元，后4年的服务费40万元在服务提供时由乙企业另外支付，该业

务涉及的使用费、服务费均不含增值税，则甲企业2022年该项业务应确认的收入为（ ）万元。

A.117 B.20 C.110 D.30

6.甲企业2022年1月1日向乙企业转让某项专利的使用权，为期6年，同时甲企业承诺提供后续服务，且后续服务不再收费。已知甲企业一次性收取专利权使用费120万元，并支付相关税费3万元，该业务收取的使用费不含增值税，则甲企业2022年该项业务应确认的收入为（ ）万元。

A.120 B.117 C.20 D.19.5

7.2022年1月1日甲公司向丁公司转让其商标使用权，约定丁公司每年年末按销售收入的10%支付使用费，使用期10年。2022年丁公司实现销售收入106万元。假定甲公司于每年年末收到使用费，收到的使用费金额含增值税，商标使用权收入对应的增值税税率为6%，不考虑其他因素。甲公司2022年应确认的不含增值税的使用费收入为（ ）万元。

A.5 B.10 C.15 D.0

8.下列各项中，属于建造合同履约成本中的直接费用的是（ ）。

A.耗用的材料费用 B.耗用的人工费用

C.耗用的机械使用费 D.临时设施摊销费用

9.下列各项应计入工业企业其他业务收入的是（ ）。

A.出售投资性房地产取得的收入

B.随同商品出售且单独计价的包装物取得的收入

C.股权投资取得的现金股利收入

D.临时性出租自有货车的租金收入

10.甲公司委托乙公司销售一批商品，甲公司是主要责任人，乙公司是代理人，甲公司确认收入的时点是（ ）。

A.甲公司交付商品时 B.乙公司销售代理商品时

C.甲公司收到代销清单时 D.甲公司收到货款时

三、核算与分析题

1.甲企业和乙企业均为增值税一般纳税人，适用的增值税税率为13%。2022年6月1日，甲企业与乙企业签订代销协议，委托乙企业销售A商品500吨，协议价为300元/吨，该商品的实际成本为200元/吨，最终售价由乙企业自定。6月10日，甲企业按合同向乙企业发出代销商品。7月20日，乙企业将A商品400吨售给丙企业，商品已于当天发出，增值税专用发票上注明的售价为128 000元，款项已收存银行。7月22日，乙企业将所代销商品的清单交付给甲企业。7月25日，甲企业收到乙企业按协议支付的400吨A商品的代销商品款。甲企业和乙企业均按实际成本对存货进行日常核算，乙企业不能将所代销的商品退还给甲企业。

要求：编制甲企业和乙企业代销业务的会计分录，其中“应交税费”科目需写出明细。

2.众诚公司为增值税一般纳税人，适用的增值税税率为13%，存货采用实际成本计价核算。2022年1月1日与B企业签订一项销售合同，合同规定采用预收款方式销售商品一批，总价款为120万元（不含增值税），分四期等额收取货款，每期货款于每季度的最后一天通过银行收取。2022年12月31日收取最后一期价款和增值税销项税额，并发出商品，该批商品的总成本为100万元。

要求：编制上述经济业务相关的会计分录，其中“应交税费”科目需写出明细。

3. 众诚公司于2022年3月10日接受一项设备安装任务，该安装任务可一次完成。合同总价款为9 000元（不含增值税），实际发生安装成本5 000元。假定安装业务属于众诚公司的主营业务，增值税税率为9%，安装完毕结算价款收存银行。

要求：编制与上述经济业务相关的会计分录。

4. 众诚公司于2022年11月30日与乙公司签订一项为期3个月的劳务合同，合同总价款为50万元。当日，收到乙公司预付的合同款25万元。至2022年12月31日，众诚公司为完成该合同累计发生劳务成本10万元，估计还将发生劳务成本30万元。假定该业务属于众诚公司的主营业务，该履约进度能够合理确定，上述合同价款中包含增值税，增值税税率是6%。

要求：编制与上述2022年经济业务相关的会计分录。

5.甲企业、乙企业、丙企业和丁企业均为增值税一般纳税人，甲企业发生了向乙企业、丙企业和丁企业转让专利权、非专利技术及商标权使用权业务，适用的增值税税率为6%。甲企业发生的让渡资产使用权的经济业务如下：

（1）与乙企业签订合同，合同规定甲企业于2022年1月1日将一项专利使用权让渡给乙企业，合同有效期限为2年，甲企业每年年初收取使用费且不再提供后续服务，2022年1月1日收到乙企业支付的使用费20万元（含增值税税额），乙企业按合同通过银行支付了款项。2022年年初该项专利的账面余额为30万元，预计使用5年。甲企业从2022年1月对该专利权进行摊销。

（2）与丙企业签订合同，合同规定甲企业于2022年1月1日将一项非专利技术的使用权让渡给丙企业，合同有效期为2年。2022年1月1日丙企业一次性支付使用费18万元（含增值税税额），甲企业提供后续服务且后续服务不再另收费，丙企业通过银行支付了价款。2022年年初该项非专利技术账面余额12万元，甲企业从2022年1月开始对该项非专利技术计提累计摊销，预计使用寿命为4年。

（3）与丁企业签订合同，合同规定甲企业于2022年1月1日将其商标使用权让渡给丁企业，合同有效期限为5年。合同规定每年年末丁企业根据其年销售收入的4%通过银行向甲企业支付使用费（含增值税税额），支付日为当年的12月31日。丁企业2022年实现销售收入200万元。2022年年初该商标权的账面余额为10万元，甲企业从2022年1月对该商标权计提累计摊销，预计使用寿命为10年。

（4）相关无形资产的残值为零，不考虑减值准备及除增值税之外的其他相关税费。

要求：编制2022年发生的上述经济业务的会计分录。

项目综合训练

1. 众诚公司为增值税一般纳税人，适用的增值税税率为13%，商品销售价格不含增值税，确认销售收入时逐笔结转销售成本。2022年发生如下业务：

（1）12月2日，向乙公司销售A产品，销售价格为600万元，实际成本为540万元。产品已发出，款项存入银行。销售前，该产品已计提跌价准备5万元。

（2）12月8日，收到丙公司退回B产品并验收入库，当日支付退货款并收到税务机关出具的“开具红字增值税专用发票通知单”。该批产品系当年8月份售出的，并已确认销售收入，销售价格为200万元，实际成本为120万元。

（3）12月10日，与丁公司签订为期6个月的劳务合同，合同总价款为400万元（不含增值税），待完工时收取价款和价外增值税（税率为6%）并同时开具增值税专用发票。至12月31日，实际发生劳务成本50万元（均为职工薪酬），估计为完成该合同还将发生劳务成本150万元。假定该项劳务合同的履约进度能够合理确定，众诚公司按实际发生的成本占估计总成本的比例确定劳务的履约进度。

（4）12月31日，将本公司生产的C产品作为福利发放给生产工人，市场销售价格为80万元，实际成本为50万元。

要求：假定不考虑其他相关因素，根据上述资料，回答下列第（1）—（5）小题（答案中金额单位用万元表示）。

（1）根据业务（1），下列各项说法正确的是（　　）。

A. 众诚公司应确认主营业务收入600万元

B. 众诚公司应确认主营业务成本540万元

C. 众诚公司应确认“应交税费——应交增值税（销项税额）”78万元

D. 众诚公司应减少存货跌价准备5万元

（2）根据业务（2），下列各项说法正确的是（　　）。

A. 众诚公司应追溯冲减8月的收入200万元

B. 众诚公司此项业务会增加存货120万元

C. 众诚公司应该借记“应交税费——应交增值税（进项税额）”26万元

D. 众诚公司此项业务会减少当期损益80万元

（3）根据业务（3），下列各项说法不正确的是（　　）。

A. 该项劳务开始与完成分属于不同会计期间

B. 当年的完工进度为16.67%

C. 众诚公司应确认主营业务成本50万元

D. 众诚公司应确认主营业务收入100万元

（4）根据业务（4），下列各项会计处理不正确的是（　　）。

A. 借：主营业务成本　　50

　　贷：库存商品　　50

B.借：生产成本　90.4
　　贷：主营业务收入　80
　　　　应交税费——应交增值税（销项税额）　10.4
C.借：应付职工薪酬　80
　　贷：库存商品　80
D.借：生产成本　60.4
　　贷：库存商品　50
　　　　应交税费——应交增值税（销项税额）　10.4

（5）根据业务（1）—（4），下列各项计算正确的是（　　）。

A.12月确认的主营业务收入为780万元

B.12月确认的主营业务成本为515万元

C.12月确认的应付职工薪酬为50万元

D.12月确认的“应交税费——应交增值税（销项税额）”为62.4万元

2.大众安装公司为小规模纳税人，与乙公司于2022年10月3日签订一项工程安装合同，工期为8个月。合同约定总安装费（含税）为100万元。根据合同约定，乙公司需分3次支付大众安装公司安装费，第一次为签订合同时，预付合同总金额的20%；第二次为2022年12月31日，预付合同总金额的60%；第三次为安装结束验收合格时，支付剩余安装费。截至2022年12月31日，发生的安装成本为21万元，估计至完工还需要发生安装成本39万元。大众安装公司提供的劳务交易履约进度能够合理确定，采用完工百分比法确认收入，按已发生成本占估计总成本的比例确认履约进度。公司作为小规模纳税人，按季确认收入，平时确认的收入是含税收入，季末时才将含税收入还原成不含税收入。

要求：根据上述资料，回答下列第（1）—（3）小题（答案中金额单位用万元表示）。

（1）大众安装公司与乙公司签订安装合同时预收20%的安装费，应编制的会计分录是（　　）。

A.借：银行存款　20
　　贷：主营业务收入　20
B.借：银行存款　20
　　贷：其他业务收入　20
C.借：银行存款　20
　　贷：合同负债　20
D.借：银行存款　20
　　贷：其他应付款　20

（2）大众安装公司截至2022年12月31日应编制的会计分录是（　　）。

A.借：银行存款　60
　　贷：合同负债　60
B.借：合同负债　35

贷：主营业务收入　35

C.借：主营业务成本　21

贷：劳务成本　21

D.借：银行存款　35

贷：主营业务收入　35

（3）下列各项关于提供劳务收入的表述，正确的是（　　）。

A.如果提供的劳务交易未跨年，即使提供劳务的交易履约进度能够合理确定，也不应当按履约进度确认收入，而应当在完工时确认收入

B.大众安装公司2022年12月31日的完工进度为35%

C.大众安装公司随着劳务的不断提供或外部情况的不断变化，需要随时对将要发生的成本进行修订

D.如果2022年12月31日乙公司未按合同约定支付工程款，有证据表明剩余款项难以收回且提供劳务交易履约进度不能合理估计，则大众安装公司不应确认收入

项目十四

费用的核算

任务一　期间费用的核算

一、判断题（正确的打“√”，错误的打“×”）

1. 费用包括企业日常活动中所产生的经济利益的总流出。（　）
2. 企业费用的增加会导致企业所有者权益的减少，所以所有者权益的减少一定会使费用增加。（　）
3. 费用包括成本费用和期间费用，成本费用计入有关核算对象的成本，而期间费用直接计入当期损益。（　）
4. 企业为生产产品、提供劳务等发生的可归属于产品成本、劳务成本等的费用属于营业成本。（　）
5. 随同商品出售不单独计价的包装物的成本应记入“销售费用”账户核算。（　）
6. 企业发生的固定资产修理费应在发生时计入管理费用。（　）
7. 企业发生或收到的现金折扣都通过“财务费用”账户核算。（　）
8. 失业保险费应全部计入管理费用。（　）
9. 企业向银行或其他金融机构借入的各种款项所发生的利息均应计入财务费用。（　）
10. 企业发生的借款利息费用均应计入财务费用。（　）

二、不定项选择题（每题至少有一个正确答案，请将正确答案填在括号内）

1. 下列各项属于费用的是（　）。

A. 当期已销商品的成本　　B. 车间生产工人的职工薪酬

C. 固定资产报废净损失　　D. 出租固定资产的累计折旧

2. 下列各项中符合费用定义的是（　）。

A. 销售费用　　B. 税金及附加　　C. 管理费用　　D. 营业外支出

3. 下列各项中税金及附加的会计表述正确的是（　）。

A. 税金及附加是企业经营活动中负担的相关税费

B. 税金及附加与取得收入有关

C. 与投资性房地产有关的房产税、城镇土地使用税计入税金及附加

D. 税金及附加影响企业营业利润

4. 下列各项中应计入销售费用的是（　）。

A. 业务招待费

B. 商品维修费

C. 销售本企业商品而专设的销售机构的业务费

D. 预计产品质量保证损失

5. 下列各项中应计入管理费用的是（　）。

A.企业生产车间发生的固定资产修理费
B.企业发生的用于无形资产的研究费用
C.企业发生的用于无形资产的开发费用
D.企业支付的年度财务报告审计费

6.下列各项中，应计入管理费用的是（　　）。

A.筹办期间的开办费　　B.预计产品质量保证损失
C.生产车间管理人员工资　　D.专设销售机构的固定资产修理费

7.下列各项中，不属于企业“财务费用”账户核算内容的是（　　）。

A.满足资本化条件的利息支出　　B.筹建期间的利息支出
C.支付银行承兑汇票的手续费　　D.购买商品享受的现金折扣

8.众诚公司为增值税一般纳税人，2022年7月缴纳的增值税为20万元，消费税为10万元，印花税为0.2万元，房产税为2.3万元，城市维护建设税为2.45万元，教育费附加为1.05万元，则众诚公司缴纳以上税金应当记入“税金及附加”账户的金额为（　　）万元。

A.36　　B.16　　C.15.8　　D.13.5

9.下列各项关于众诚公司发生各项支出的表述，正确的是（　　）。

A.聘请中介机构发生的咨询费应计入管理费用
B.企业的研究开发费计入管理费用
C.企业财务部门人员工资计入财务费用
D.企业销售部门固定资产折旧费计入销售费用

10.下列各项应贷记“财务费用”账户的是（　　）。

A.银行存款产生的利息收入
B.外币应收账款产生的汇兑收益
C.期末将“财务费用”账户的借方余额转入“本年利润”账户
D.期末将“财务费用”账户的贷方余额转入“本年利润”账户

三、核算与分析题

众诚公司2022年3月份发生的费用有：发生生产车间管理人员工资80万元，发生行政管理部门人员工资60万元，支付广告费用40万元，计提短期借款利息40万元，支付固定资产维修费30万元。

要求：根据以上业务计算该公司当期的期间费用总额。

任务二　所得税费用的核算

一、判断题（正确的打“√”，错误的打“×”）

1.所得税是企业根据应纳税所得额的一定比例上交的一种税金。应纳税所得额是在税前会计利润（利润总额）的基础上调整确定的。（　）

2.某企业2022年年末结账前“利润分配——未分配利润”账户为借方余额20万元，是2014年发生的未弥补亏损，该企业2022年实现的利润总额为180万元，如果没有其他纳税调整事项，则该企业2022年应纳税所得额为160万元。（　）

3.确认可抵扣暂时性差异产生的递延所得税资产，应当以未来期间很可能取得用来抵扣可抵扣暂时性差异的应纳税所得额为限。（　）

4.资产的账面价值大于其计税基础或者负债的账面价值小于其计税基础产生可抵扣暂时性差异。（　）

5.资产负债表日，如果未来期间很可能无法获得足够的应纳税所得额用以抵扣递延所得税资产的利益，应当减记递延所得税资产的账面价值，并且按照《企业会计准则第8号——资产减值》的规定，在以后期间不得恢复其账面价值。（　）

6.递延所得税资产和递延所得税负债在会计报表中分别作为非流动资产和非流动负债列示，并且要求以折现后的金额入账。（　）

7.以利润总额为基础计算应纳税所得额时，所有的应纳税暂时性差异都应做纳税调减。（　）

8.企业根据会计准则规定，计算确定的当期所得税和递延所得税之和，即为应当从当期利润总额中扣除的所得税费用。（　）

二、不定项选择题（每题至少有一个正确答案，请将正确答案填在括号内）

1.某企业采用资产负债表债务法对所得税进行核算，所得税税率为25%。该企业2022年度实现利润总额90万元，非公益性捐赠支出4万元，各项税收的滞纳金和罚款2万元，发生的可抵扣暂时性差异为4万元。该企业当期应交所得税为（　）万元。

A.100　　B.23　　C.33　　D.25

2.A公司采用资产负债表债务法进行所得税核算。2022年度实现利润总额500万元，所得税税率为25%，A公司当年因发生违法经营被罚款5万元，业务招待费超支10万元，国债利息收入30万元。A公司2022年年初“预计负债——产品保修费”余额为25万元，当年提取了产品保修费15万元，当年兑付了6万元的产品保修费。则A公司2022年净利润为（　）万元。

A.121.25　　B.125　　C.330　　D.378.75

3.某企业采用年数总和法计提折旧，税法规定按年限平均法计提折旧。2022年税前会计利润为310万元，按年限平均法计提的折旧为90万元，按年数总和法计提的折旧为

180万元，所得税税率为25%。2022年该企业应交的所得税税款为（　　）万元。

A.77.5　　B.55　　C.100　　D.400

4.下列各项中，不影响利润总额的是（　　）。

A.接受外单位捐赠8万元　　B.因发生洪水造成存货损失10万元

C.计提坏账准备3万元　　D.所得税费用120万元

5.A公司于2021年12月31日“预计负债——产品保修费”科目贷方余额为100万元，2022年实际发生的产品保修费为90万元，2022年12月31日预提的产品质量保修费为120万元。2022年12月31日，下列各项对上述预计负债的说法正确的是（　　）。

A.产生应纳税暂时性差异130万元　　B.产生可抵扣暂时性差异130万元

C.产生应纳税暂时性差异120万元　　D.产生可抵扣暂时性差异120万元

6.下列各项不影响“递延所得税资产”项目的是（　　）。

A.资产减值准备的计提

B.非公益性捐赠支出

C.国债利息收入

D.税务上对使用寿命不确定的无形资产执行不超过10年的摊销标准，会计上对该资产未计提摊销

7.下列各项中，影响利润表中“所得税费用”项目金额的是（　　）。

A.当期应交所得税　　B.递延所得税资产

C.递延所得税费用　　D.代扣代缴的个人所得税

8.M公司2022年度应纳税所得额为2 500万元，递延所得税资产期初余额为50万元，期末余额为20万元，递延所得税负债期初余额为100万元，期末余额为80万元，M公司适用的所得税税率为25%，则M公司2022年度应确认的所得税费用为（　　）万元。

A.625　　B.635　　C.655　　D.645

9.下列各项关于所得税的表述，不正确的是（　　）。

A.企业所得税费用即为当期应缴纳的企业所得税

B.递延所得税一定影响当期所得税费用

C.企业所得税费用等于当期会计利润乘以所得税税率

D.“所得税费用”账户余额应当结转至“利润分配”账户

10.下列各项因账面价值与计税基础不一致形成暂时性差异的是（　　）。

A.使用寿命不确定的无形资产

B.已计提减值准备的固定资产

C.已确认公允价值变动损益的交易性金融资产

D.因违反税法规定应缴纳但尚未缴纳的滞纳金

三、核算与分析题

1.A公司于2019年1月1日开始对某行政用设备计提折旧，原价为60万元，假定无残值。会计上采用4年期年限平均法计提折旧，而税法上采用6年期年限平均法计提折

旧，A公司采用成本与可变现净值孰低法进行固定资产的期末计价。2019年年末，可变现净值为36万元，2022年6月1日A公司出售该设备，售价为20万元。该公司每年的税前会计利润均为100万元，所得税税率为25%。

要求：根据以上资料，采用资产负债表债务法做出A公司2019—2022年所得税的会计处理。

2.华盛公司2022年度利润表中利润总额为2 000万元，适用的所得税税率为25%。递延所得税资产和递延所得税负债均不存在期初余额。2022年发生的有关交易和事项中，会计处理与税法规定存在差别的有：

（1）取得国债利息收入80万元，已计入利润总额。

（2）2022年1月开始计提折旧的一项固定资产，取得成本为1 500万元，使用年限为10年，净残值为零，会计上按双倍余额递减法计提折旧，税法上按年限平均法计提折旧。假定税法规定的使用年限及净残值与会计规定相同。

（3）向关联企业捐赠现金200万元。按税法规定向关联企业捐赠不允许税前扣除。

（4）当年取得作为交易性金融资产核算的股票投资成本900万元，12月31日其公允价值为1 300万元。

（5）业务招待费实际发生额为400万元，税法规定的扣除限额为180万元。

（6）年末持有的存货成本为2 060万元，考虑市价下跌的情况，计提了60万元的存货跌价准备。

（7）年末计提产品保修费300万元，计入销售费用。

要求：

（1）计算华盛公司2022年度的应交所得税金额。

（2）计算华盛公司2022年度的递延所得税金额。

（3）计算华盛公司2022年度利润表中的所得税费用。

（4）作出华盛公司确认2022年所得税费用的会计处理。

3. 众诚公司于2022年度共发生研发支出200万元，其中研究阶段支出20万元，开发阶段不符合资本化条件支出60万元，符合资本化条件支出120万元形成无形资产。假定该无形资产于2022年7月30日达到预定可使用状态，采用年限平均法按5年摊销。假定税法也规定相同的摊销期限，并且众诚公司执行了关于企业研发支出税收优惠政策的规定，在此期间形成无形资产的，按照无形资产成本的175%摊销，形成费用的，按照研发费用的175%扣除。众诚公司2022年税前会计利润为1 000万元，适用的所得税税率为25%。不考虑其他纳税调整事项，假定无形资产摊销计入管理费用，假定当月达到预定可使用状态的无形资产，当月就开始计提摊销。

要求：根据上述资料，计算该公司2022年度应交所得税。

项目综合训练

1. 众诚公司为增值税一般纳税人，适用的增值税税率为13%，消费税税率为10%，产品销售价格中均不含增值税，存货按实际成本核算。销售产品为公司的主营业务，在确认收入时逐笔结转销售成本。2022年6月份，众诚公司发生的部分经济业务如下：

（1）6月5日向A公司销售应税消费品100 000件，单价10元。为了鼓励多购商品，众诚公司同意给予A公司10%的商业折扣，同时以银行存款支付运费10 900元（含增值税900元），运费由销售方承担。该批商品的实际成本为500 000元，商品已经发出，货款尚未收到。

（2）6月8日，在购买材料业务中，根据对方给出的现金折扣条件提前付款，获得对方给予的现金折扣5 000元。

（3）6月10日为拓展市场发生业务招待费50 000元，以银行存款支付。

（4）6月30日将自产产品（应税消费品）发放给销售人员作为福利，该批产品的实际成本为30 000元，市价为50 000元。

（5）6月30日，分配本月材料费用，基本生产车间领用材料700 000元，辅助生产车间领用材料300 000元，车间管理部门领用材料43 000元，企业行政管理部门领用材料7 000元。

（6）计提本月应负担的产品日常经营活动中的城市维护建设税5 100元，教育费附加1 700元。

（7）结转本月随同产品出售但不单独计价的包装物成本4 000元。

假定除上述资料外，不考虑其他相关因素。

要求：根据上述资料，回答下列（1）—（3）小题。

（1）根据业务（1）和（2），下列各项会计处理结果正确的是（　　）。

A.6月5日，众诚公司应确认的销售商品收入是1 000 000元

B.6月5日，众诚公司应确认的销售商品收入是910 000元

C.6月5日，众诚公司应收账款的入账价值是1 017 000元

D.6月8日，众诚公司应冲减材料采购成本5 000元

（2）根据业务（3）—（6），下列各项会计处理正确的是（　　）。

A.借：销售费用　　50 000
　　贷：银行存款　　50 000

B.借：销售费用　　36 500
　　贷：应付职工薪酬　　36 500
　借：应付职工薪酬　　36 500
　　贷：库存商品　　30 000
　　　应交税费——应交增值税（项税额）　　6 500

C.借：生产成本——基本生产成本　　700 000
　　生产成本——辅助生产成本　　300 000
　　制造费用　　43 000
　　管理费用　　7 000
　　贷：原材料　　1 050 000

D.借：税金及附加　　6 800
　　贷：应交税费——应交城市维护建设税　　5 100
　　　　　　　——应交教育费附加　　1 700

（3）众诚公司2022年6月份的期间费用是（　　）万元。

A. 127 500　　B.119 000　　C.114 000　　D.225 800

2.众诚公司2022年3月份发生如下经济业务：

（1）计提生产车间用固定资产折旧80万元；

（2）发生行政管理部门人员工资50万元；

（3）支付广告费用30万元；

（4）支付行政管理部门人员劳保费用10万元；

（5）本月因生产经营活动应缴纳的城市维护建设税1万元；

（6）期末结转已发生的无形资产研究费用20万元；

（7）计提长期借款利息10万元。（非筹建期间且不符合资本化条件）

假定除上述业务外，没有发生其他业务。

要求：根据上述资料，回答下列（1）—（3）小题：

（1）下列各项表述正确的是（　　）。

A.计提生产车间用固定资产折旧应记入“制造费用”账户

B.发生的行政管理部门人员工资应记入“管理费用”账户

C.支付的广告费用应记入“销售费用”账户

D.支付行政管理部门人员的劳保费用应记入“财务费用”账户

（2）下列各项表述不正确的是（　　）。

A.本月应缴纳的城市维护建设税应记入“税金及附加”账户

B.期末结转已发生的无形资产研究费用应借记“无形资产”账户

C.计提的长期借款利息时，不是筹建期间且不符合资本化条件，应记入“财务费用”账户

D.计提的长期借款利息如果是筹建期间的，应记入“在建工程”账户

（3）该企业3月份发生的期间费用总额为（　　）万元。

A.100　　B.90　　C.80　　D.120

项目十五

利润的核算

任务一　本年利润的核算

一、判断题（正确的打“√”，错误的打“×”）

1.存货、固定资产发生盘亏损失，应作为营业外支出处理。（　）

2.利润总额是以营业利润为基础，加上营业外收入，减去营业外支出后的总额。（　）

3.年末结转后，“利润分配——未分配利润”账户可能出现借方余额，也可能出现贷方余额。（　）

4.营业外收入不属于经营性收入，因而不缴纳所得税。（　）

5.年度终了，无论企业盈利或亏损，都需要将“本年利润”账户的本年累计余额转入“利润分配——未分配利润”账户。（　）

二、不定项选择题（每题至少有一个正确答案，请将正确答案填在括号内）

1.某企业2022年取得了国库券投资利息30 000元，其他公司债券投资利息20 000元，全年税前利润总额800 000元，所得税税率为25%。若无其他纳税调整项目，2022年该企业的净利润为（　）元。

A.579 400　B.850 000　C.607 500　D.576 100

2.下列各项不应确认为营业外支出的是（　）。

A.对外捐赠支出

B.因生产计划变更出售固定资产的净损失

C.计提的存货跌价准备

D.罚款支出

3.下列各项应计入营业外支出的是（　）。

A.出售无形资产发生的净损失　B.转让金融资产发生的损失

C.接受捐赠固定资产发生的相关支出　D.自然灾害造成的固定资产净损失

4.企业固定资产盘亏应记入的账户是（　）。

A.“销售费用”　B.“营业外支出”

C.“其他业务成本”　D.“管理费用”

5.企业提取存货跌价准备应借记的账户是（　）。

A.“销售费用”　B.“营业外支出”

C.“其他业务成本”　D.“资产减值损失”

6.下列各项应计入营业外收入的是（　）。

A.罚款收入　B.投资者以原材料投入企业

C.出售原材料收入　D.出售交易性金融资产收入

7.下列各项等式关系正确的是（　）。

A.营业利润＝营业收入－营业成本
B.净利润＝利润总额－所得税费用
C.利润总额＝营业利润＋投资净收益
D.营业利润＝营业收入－营业成本－管理费用－财务费用－营业费用

8.下列各项关于政府补助的表述，不正确的是（　　）。
A.企业获得的政府补助一律计入营业外收入
B.企业获得的政府补助一律计入其他收益
C.企业获得的政府补助一律冲减成本费用
D.企业获得的政府补助一律冲减营业外支出

9.下列各项关于政府补助的表述，正确的是（　　）。
A.企业获得的政府补助一律采用总额法核算
B.企业获得的政府补助一律采用净额法核算
C.企业获得的政府补助自主选择采用总额法或净额法核算
D.与资产相关的政府补助和与收益相关的政府补助分别进行核算

10.下列各项可能引起企业利润总额增加的是（　　）。
A.接受非现金资产捐赠　　B.出租固定资产租金收入
C.应收票据的利息收入　　D.获得政府补助收入

三、核算与分析题

1.华伟公司2022年度适用13%的增值税税率，年度财务报表利润总额为853 000元，自查发现其中相关各项目的记账情况如下：

（1）公司委托其他单位销售新产品80件，单位利润320元，收到受托单位代销清单，但因未收到款项而未入账。

（2）错把利息费用3 000元列作产品的材料费用。

（3）公司已收逾期未退包装物押金86 700元，长期挂在“其他应付款”账户内，未作处理。

（4）年末发生厂房改造工程支出45 200元，设备安装费37 850元，固定资产购置费254 430元，全部作为长期待摊费用，并已在年末摊销30 000元。

（5）支出罚金11 430元，列为管理费用。

要求：计算华伟公司实际利润总额。

2.2022年10月末华伟公司有关账户结转前余额如下：

主营业务收入	1 500 000元（贷）
其他业务收入	300 000元（贷）
营业外收入	250 000元（贷）
投资收益	20 000元（借）
其他收益	300 000元（贷）
资产处置损益	160 000元（借）
主营业务成本	1 000 000元（借）
销售费用	200 000元（借）
税金及附加	100 000元（借）
其他业务成本	200 000元（借）
营业外支出	10 000元（借）
管理费用	50 000元（借）
财务费用	30 000元（借）
资产减值损失	80 000元（借）
公允价值变动损益	10 000元（贷）

要求：列式计算华伟公司10月份营业利润及利润总额。

任务二 利润分配的核算

一、判断题（正确的打“√”，错误的打“×”）

1.企业按规定用盈余公积弥补以前年度亏损时，应作的会计处理为借记“盈余公积”账户，贷记“本年利润”账户。（ ）

2.企业以前年度亏损未弥补完，可以提取法定盈余公积。但是，在未提取法定盈余公积之前，不得向投资者分配利润。（ ）

3.“利润分配——未分配利润”账户余额反映企业当年未分配利润的形成及分配情况。（ ）

4.企业法定盈余公积可以用于分配股利。（ ）

5.弥补亏损一般均不需作专门的会计分录。（ ）

二、不定项选择题（每题至少有一个正确答案，请将正确答案填在括号内）

1.企业的税后利润应优先（ ）。

A.提取任意盈余公积　　B.提取法定盈余公积

C.向投资者分配利润　　D.弥补以前年度亏损

2.某企业2021年度亏损20 000元，按规定可以用2022年度实现的税前利润弥补这一亏损，当弥补时，企业应作的会计处理为（ ）。

A.借：利润分配——弥补以前年度亏损　20 000

　　贷：利润分配——未分配利润　20 000

B.借：盈余公积　20 000

　　贷：利润分配——盈余公积转入　20 000

C.借：利润分配——弥补以前年度亏损　20 000

　　贷：应弥补亏损　20 000

D.不需要单独作会计处理

3.“利润分配——未分配利润”明细账户的借方余额表示的是（ ）。

A.待分配利润　　B.未弥补亏损

C.盈余公积　　D.应付利润

4.“利润分配——未分配利润”账户贷方登记的内容包括（ ）。

A.结转的盈余公积补亏　　B.提取的盈余公积金

C.用盈余公积转增资本　　D.转入的本年利润

5.下列各项可以用于弥补亏损的是（ ）。

A.以后年度实现的利润弥补　　B.资本公积弥补

C.以前年度提取的盈余公积弥补　　D.专项存款弥补

6.下列各项由利润分配形成所有者权益的是（ ）。

A.资本公积　　B.应付投资者利润

C.法定盈余公积　　D.任意盈余公积

7.盈余公积的用途是（　　）。

A.转增资本　　B.弥补亏损

C.派发股利　　D.扩大企业生产规模

8.下列各项关于利润分配的表述，正确的是（　　）。

A.没有弥补完亏损不得进行利润分配

B.企业可供分配的利润只包括当年实现的净利润

C.企业可以任意选择是否提取法定盈余公积或任意盈余公积

D.提取法定盈余公积后才能给投资者分配利润

9.在“利润分配”所属的各明细账户中，期末无余额的明细账户是（　　）。

A.“盈余公积补亏”　　B.“提取盈余公积”

C.“应付现金股利或利润”　　D.“未分配利润”

10.企业弥补亏损的渠道是（　　）。

A.用以后年度税前利润弥补，但弥补期限不得超过5年

B.用以后年度税后利润弥补

C.用资本公积弥补

D.用盈余公积弥补

三、核算与分析题

1.某公司发生下列经济业务：

（1）公司2022年实现的税后利润为2 000万元，根据股东大会决定，分别按照10%和5%的比例提取法定盈余公积和任意盈余公积。

（2）经股东大会同意，将法定盈余公积200万元用于转增资本。

（3）经股东大会同意，宣告发放现金股利500万元。

（4）进行年度结转，将“本年利润”账户的余额和“利润分配”账户中的其他各明细账户的余额转入“利润分配——未分配利润”明细账户。

要求：根据上述资料编制相关的会计分录。

2.华伟公司2022年度实现税前利润50 000万元（无任何纳税调整事项），公司适用的所得税税率为25%，董事会根据公司章程利润分配条款的规定制订了如下分配方案：按10%提取法定盈余公积，按5%提取任意盈余公积，向投资者分配利润2 000万元。公司2022年1月1日资产负债表所有者权益项目见表15-1。

表15-1　　资产负债表所有者权益项目　　单位：万元

项目	2022年1月1日	2022年12月31日
实收资本	100 000	
资本公积	20 000	
盈余公积	10 000	
未分配利润	200	
所有者权益合计	130 200	

要求：

（1）假设2022年度公司无其他影响所有者权益变动的事项，填写表15-1中“2022年12月31日”一栏的数字。

（2）编制反映利润分配的会计分录。

项目综合训练

假定乙公司于2022年12月1日开始营业，该公司为增值税一般纳税人，增值税税率为13%，所得税税率为25%。2022年12月发生的经济业务如下：

（1）向银行借款200 000元，期限半年，存入银行。

（2）采购材料一批，采用实际成本法核算，增值税专用发票上注明的价款为720 000元、增值税税额为93 600元，材料已验收入库，货款未付。

（3）领用材料一批，其中生产产品耗用1 300 000元，车间耗用50 000元，企业管理部门耗用30 000元。

（4）以银行存款支付水电费8 000元，其中车间耗用5 000元，行政管理部门耗用3 000元。

（5）销售产品一批，价款300 000元、增值税税额39 000元，收回款项存入银行，该批产品成本60 000元。

（6）以银行存款支付销售产品的展览费20 000元。

（7）以银行存款支付本月的银行借款利息500元。

（8）分配12月应付工资，其中生产工人工资650 000元，车间管理人员工资50 000元，厂部管理人员工资100 000元。

（9）计提固定资产折旧，车间固定资产折旧费24 000元，管理部门固定资产折旧费20 000元。

（10）将12月发生的制造费用全部转入“生产成本”账户。

（11）假定12月生产的产品全部完工，结转完工产品的成本2 079 000元。

（12）接受现金捐赠50 000元（转账支票已送存银行）。

（13）年末将各损益类账户余额全部结转到“本年利润”账户。

（14）计算当年应交所得税并结转。

（15）按照10%的比例提取法定盈余公积。

（16）公司决定按照净利润40%的比例向股东分配现金股利。

（17）年末将“本年利润”账户余额结转到“利润分配”账户。

（18）年末将“利润分配”账户所属其他明细账户余额结转到“利润分配——未分配利润”账户。

要求：

（1）根据以上经济业务编制会计分录。

（2）计算2022年未分配利润。

项目十六

财务报表编报

任务一 财务报表认知

一、判断题（正确的打“√”，错误的打“×”）

1.财务报表是对企业财务状况、经营成果和现金流量的结构性表述。（ ）

2.会计报表主要包括资产负债表、利润表、现金流量表和所有者权益变动表。

（ ）

3.企业可以根据实际情况决定是否编制会计报表附注。（ ）

4.企业除现金流量表按照收付实现制编制外，应当按照权责发生制编制其他财务报表。（ ）

5.财务报表项目的列报应当在各个会计期间保持一致，不得随意变更。（ ）

二、不定项选择题（每题至少有一个正确答案，请将正确答案填在括号内）

1.下列各项中，属于企业会计报表的是（ ）。

A.资产负债表　　B.利润表

C.现金流量表　　D.所有者权益变动表

2.下列各项中，属于企业财务报表列报基本要求的是（ ）。

A.权责发生制　　B.列报的一致性

C.比较信息的列报　　D.依据重要性原则单独或汇总列报项目

3.下列各项中，需要在财务报表表首列报的信息是（ ）。

A.编报企业的名称　　B.编报时间

C.货币名称和单位　　D.编制负责人

4.下列各项关于财务报表列报的表述，正确的是（ ）。

A.项目在财务报表中是单独列报还是汇总列报，应当依据重要性原则来判断

B.性质和功能不同的项目，一般应当在财务报表中单独列报，但是不具有重要性的项目可以汇总列报

C.企业会计准则要求改变财务报表项目的列报时，企业可以变更财务报表项目

D.企业应当根据实际发生的交易和事项，遵循各项具体会计准则及解释的规定进行确认和计量，并在此基础上编制财务报表

5.下列各项中，不属于财务报表项目金额间的相互抵销的是（ ）。

A.其他应收账款扣减其他应付款后的净额列示的

B.一组类似交易形成的利得和损失以净额列示的

C.资产和负债项目按扣除备抵项目后的净额列示的

D.非日常活动产生的利得和损失，以同一交易形成的收益扣减相关费用后的净额列示更能反映交易实质的

任务二 资产负债表的编制

一、判断题（正确的打“√”，错误的打“×”）

1.资产负债表，是指反映企业在某一段时期的财务状况的会计报表。（ ）

2.我国的资产负债表满足“资产 = 负债 + 所有者权益”平衡式。（ ）

3.“货币资金”项目应根据“库存现金”“银行存款”“其他货币资金”账户的期末余额合计填列。（ ）

4.资产负债表中项目金额不可以直接根据总账科目余额填列。（ ）

5.“其他综合收益”项目，反映企业根据会计准则规定未在当期损益中确认的各项利得和损失的期末余额。（ ）

二、不定项选择题（每题至少有一个正确答案，请将正确答案填在括号内）

1.下列各项中，根据总账账户和明细账户的余额分析填列的是（ ）。

A.应收账款　　B.预收款项

C.应付账款　　D.预付款项

2.下列各项中，属于资产负债表中流动资产项目的是（ ）。

A.固定资产　　B.存货

C.应收账款　　D.长期股权投资

3.某企业2022年12月31日应收票据的账面余额为200万元，已提坏账准备20万元，应付票据的账面余额为50万元，其他应收款的账面余额为30万元。该企业2022年12月31日资产负债表中“应付票据”项目的期末金额为（ ）万元。

A.50　　B.230　　C.180　　D.200

4.下列各项中，属于资产负债表中“未分配利润”项目填列依据的是（ ）。

A.“本年利润”的账户余额

B.“盈余公积”的账户余额

C.“盈余公积”和“利润分配”的账户余额

D.“本年利润”和“利润分配”的账户余额

5.下列各项关于负债项目填列的表述，正确的是（ ）。

A.“短期借款”项目，根据“短期借款”账户的期末余额填列

B.“应交税费”项目，如“应交税费”账户期末为借方余额，则以“-”号填列

C“长期借款”项目，不包括一年内将要到期的长期借款

D.“其他应付款”项目，根据“其他应付款”账户的期末余额填列

三、核算与分析题

1.万京公司2022年12月31日结账后有关往来账户余额见表16-1。

表 16-1 往来账户余额 单位：元

账户名称	借方余额	贷方余额
应收账款——A	600 000	
应收账款——B		400 000
坏账准备——应收账款		80 000
预付账款——丙	320 000	
预付账款——丁		600 000
应收股利	64 000	
其他应收款	280 000	
应付账款——甲		400 000
应付账款——乙	200 000	
预收账款——C	1 000 000	
预收账款——D		800 000
应付利息		180 000
其他应付款		250 000

要求：根据上述资料，不考虑其他因素，计算资产负债表中下列项目的金额：（1）应收账款；（2）预付款项；（3）其他应收款；（4）应付账款；（5）预收款项；（6）其他应付款。

2. 万京公司2022年12月31日有关资料如下：

（1）长期借款资料（见表16-2）。

表 16-2 长期借款资料

借款起始日期	借款期限（年）	金额（万元）
2020年3月1日	3	300
2021年6月1日	5	600
2022年9月1日	4	450

（2）“长期应付款”账户的期末余额为100万元，根据合同约定该笔债务将于2023年6月30日偿还完毕。

要求：根据上述资料，不考虑其他因素，计算资产负债表中下列项目的金额：（1）长期借款；（2）长期借款中应列入“一年内到期的非流动负债”项目的金额；（3）长期应付款；（4）长期应付款中应该列入“一年内到期的非流动资产”项目的金额。

3.万京公司2022年12月31日有关存货账户余额见表16–3。

表16–3 存货账户 金额单位：元

账户名称	借方余额	贷方余额
材料采购	500 000	
原材料	600 000	
材料成本差异		20 000
周转材料	10 000	
库存商品	900 000	
存货跌价准备		50 000

要求：根据上述资料，不考虑其他因素，计算资产负债表中存货项目的金额。

任务三　利润表的编制

一、判断题（正确的打“√”，错误的打“×”）

1.利润表，是指反映企业一定会计期间经营成果的会计报表。（　）

2.企业的利润总额不包括非日常活动中形成的计入当期损益的利得。（　）

3.企业通过利润表的分析，可以评价企业的获利能力，预测企业的经营前途及利润增减趋势。（　）

4.利润表中的营业收入由主营业务收入和其他业务收入构成。（　）

5.综合收益，是指企业在某一期间除与所有者以其所有者身份进行的交易之外的其他交易或事项所引起的所有者权益变动。（　）

二、不定项选择题（每题至少有一个正确答案，请将正确答案填在括号内）

1.下列各项中，应通过“税金及附加”账户核算的是（　）。

A.企业计算应交的企业所得税

B.销售应税消费品应交的消费税

C.制造业企业销售库存商品应交的增值税

D.房地产企业销售商品房应交的土地增值税

2.下列各项中，影响企业营业利润的是（　）。

A.税金及附加　　B.财务费用

C.营业外收入　　D.公允价值变动损益

3.下列各项中，影响企业净利润的是（　）。

A.管理费用　　B.所得税费用

C.销售费用　　D.营业外支出

4.下列各项中，企业应将计入财务费用的是（　）。

A.应收票据的贴现利息　　B.财务部门发生的办公费

C.计提的短期银行借款利息　　D.给予购货方的商业折扣

5.下列各项中，应在利润表“其他综合收益的税后净额”项目反映的是（　）。

A.接受投资者投资产生的资本公积

B.其他债权投资的公允价值变动

C.债权投资重分类为其他债权投资的利得或损失

D.权益法核算下的长期股权投资形成的其他综合收益

三、核算与分析题

万京公司2022年6月有关损益类账户发生额见表16-4。

表16-4　　　　损益类账户发生额　　　　单位：万元

账户名称	借方发生额	贷方发生额
主营业务收入	150	4 500
主营业务成本	3 000	120
其他业务收入		300
其他业务成本	225	
税金及附加	150	
销售费用	75	
管理费用	270	
财务费用	30	
信用减值损失	240	15
公允价值变动损益	60	100
投资收益	90	150
营业外收入		135
营业外支出	30	
所得税费用	450	

要求：根据上述资料，不考虑其他因素，编制万京公司2022年6月的利润表（见表16-5）。

表16-5　　　　利润表　　　　会企02表

编制单位：万京公司　　　　2022年6月　　　　单位：万元

项　目	本期金额
一、营业收入	
减：营业成本	
税金及附加	
销售费用	
管理费用	
研发费用	
财务费用	
其中：利息费用	
利息收入	
加：其他收益	

续表

项　目	本期金额
投资收益（损失以“-”号填列）	
其中：对联营企业和合营企业的投资收益	
以摊余成本计量的金融资产终止确认收益（损失以“-”号填列）	
净敞口套期收益（损失以“-”号填列）	
公允价值变动收益（损失以“-”号填列）	
信用减值损失（损失以“-”号填列）	
资产减值损失（损失以“-”号填列）	
资产处置收益（损失以“-”号填列）	
二、营业利润（亏损以“-”号填列）	
加：营业外收入	
减：营业外支出	
三、利润总额（亏损总额以“-”号填列）	
减：所得税费用	
四、净利润（净亏损以“-”号填列）	
（一）持续经营净利润（净亏损以“-”号填列）	
（二）终止经营净利润（净亏损以“-”号填列）	
五、其他综合收益的税后净额	
（一）不能重分类进损益的其他综合收益	
1.重新计量设定受益计划变动额	
2.权益法下不能转损益的其他综合收益	
3.其他权益工具投资公允价值变动	
4.企业自身信用风险公允价值变动	
……	
（二）将重分类进损益的其他综合收益	
1.权益法下可转损益的其他综合收益	
2.其他债权投资公允价值变动	
3.金融资产重分类计入其他综合收益的金额	
4.其他债权投资信用减值准备	

续表

项　目	本期金额
5.现金流量套期储备	
6.外币财务报表折算差额	
……	
六、综合收益总额	
七、每股收益	
（一）基本每股收益	
（二）稀释每股收益	

任务四　现金流量表的编制

一、判断题（正确的打“√”，错误的打“×”）

1.现金流量表，是指反映企业在一定会计期间现金及现金等价物的流入和流出的报表。（　　）

2.现金等价物是指企业持有的期限短、流动性强、易于转换为已知金额现金、价值变动风险很小的投资。（　　）

3.企业用现金购买3个月到期的国债产生现金流量。（　　）

4.企业购买生产设备支付银行存款属于经营活动产生的现金流量。（　　）

5.企业发行债券收到的货币资金属于投资活动产生的现金流量。（　　）

二、不定项选择题（每题至少有一个正确答案，请将正确答案填在括号内）

1.下列各项中，属于现金及现金等价物的是（　　）。

A.库存现金　　B.银行本票存款

C.购入新发行的一年期企业债券　　D.购入新发行的三个月到期的国债

2.下列各项中，属于企业筹资活动产生的现金流量的是（　　）。

A.购买股票支付的款项　　B.支付当年的现金股利

C.支付在建工程人员的工资　　D.发行债券收到的现金

3.下列各项中，能引起企业现金流量净额变动的是（　　）。

A.从银行取出备用现金

B.用自产的产品抵偿债务

C.用银行存款偿还100万元的应付账款

D.用银行存款购买两个月内到期的国债

4.下列各项中，能引起企业投资活动产生的现金流量发生变化的是（　　）。

A.向投资者派发现金股利60万元

B.转让一项专利权，取得价款200万元

C.购入一项非专利技术，支付价款10万元

D.采用权益法核算的长期股权投资，实现投资收益100万元

5.下列各项中，属于现金等价物特征的是（　　）。

A.流动性强　　B.期限短

C.易于转换为已知金额的现金　　D.价值变动风险很小

三、核算与分析题

万京公司2022年度发生的有关负债的业务或事项如下：

（1）职工薪酬见表16-6。

表16-6　　职工薪酬　　单位：元

项目		年初余额	本期分配或计提金额	期末余额
应付职工薪酬	生产工人工资	50 000	500 000	40 000
	车间管理人员工资	20 000	250 000	15 000
	行政管理人员工资	30 000	400 000	22 500
	在建工程人员工资	10 000	150 000	7 500

应付职工薪酬本期减少额均以银行存款支付，应付职工薪酬本期期初和期末均为贷方余额。

（2）本年度"短期借款"账户年初余额为120万元，年末余额为140万元；"长期借款"账户年初余额为360万元，年末余额为840万元。本年度借入短期借款240万元，借入长期借款460万元，长期借款年末余额中包括确认的20万元长期借款利息费用（2022年末支付利息）。

除上述资料外，债权债务的增减变动均以货币资金结算。

要求：根据上述资料，不考虑其他因素，回答下列第（1）—（4）小题。

（1）该公司本期支付给职工以及为职工支付的现金为（　　）万元。

A.117.25　　B.115　　C.109.50　　D.113.50

（2）该公司本期购建固定资产、无形资产和其他长期资产支付的现金为（　　）万元。

A.15　　B.16　　C.15.25　　D.14.25

（3）该公司本期取得借款收到的现金为（　　）万元。

A.700　　B.840　　C.720　　D.620

（4）该公司本期偿还债务支付的现金为（　　）万元。

A.340　　B.240　　C.460　　D.220

任务五 所有者权益变动表的编制

一、判断题（正确的打“√”，错误的打“×”）

1.所有者权益变动表，是指反映构成所有者权益各组成部分当期增减变动情况的报表。 ( )

2.所有者权益变动表是反映所有者权益会计要素内容的，因此该报表属于静态报表。 ( )

3.企业可以自行选择不编制所有者权益变动表。 ( )

4.企业应当以账户的形式列示所有者权益变动表。 ( )

5.企业应当根据所有者权益类账户和损益类有关账户的发生额分析填列所有者权益变动表“本年金额”栏。 ( )

二、不定项选择题（每题至少有一个正确答案，请将正确答案填在括号内）

1.下列各项中，企业在所有者权益变动表中至少应当单独列示反映的项目是（ ）。

A.所有者投入的资本 B.会计政策变更

C.提取盈余公积 D.盈余公积弥补亏损

2.下列各项中，会引起所有者权益总额发生增减变化的是（ ）。

A.接受股东的追加投资 B.分配股票股利

C.用盈余公积弥补亏损 D.提取法定盈余公积

3.下列各项中，会影响本期期末“未分配利润”项目金额的是（ ）。

A.资本公积转增股本 B.计提法定盈余公积

C.本期实现的净利润 D.期初未分配利润项目金额

4.下列各项中，属于所有者权益内部结转的是（ ）。

A.资本公积转增资本 B.分配现金股利

C.盈余公积弥补亏损 D.盈余公积转增资本

5.下列各项中，不属于所有者权益组成内容的是（ ）。

A.资本公积 B.库存股

C.盈余公积 D.每股收益

任务六 报表附注的披露

一、判断题（正确的打“√”，错误的打“×”）

1.报表附注是企业财务报表的重要组成部分。 ( )

2. 企业应当在报表附注中说明重要会计政策和会计估计。（　）

3. 企业可以自行选择不编制报表附注。（　）

4. 企业应当在附注中披露费用按照性质分类的利润表补充资料。（　）

5. 企业应当在附注中披露在资产负债表日后、财务报告批准报出日前提议或宣布发放的股利总额和每股股利金额。（　）

二、不定项选择题（每题至少有一个正确答案，请将正确答案填在括号内）

1. 下列各项中，属于报表附注应披露内容的是（　）。

A. 企业的基本情况　　B. 财务报表的编制基础

C. 遵循企业会计准则的声明　　D. 重要会计政策和会计估计

2. 下列各项关于报表附注的表述，不正确的是（　）。

A. 企业可以自行决定报表附注披露的内容

B. 企业重新选择会计政策不需要在报表附注中披露

C. 企业对于会计估计变更不需要在报表附注中披露

D. 企业需要在报表附注中披露其基本情况

3. 下列各项中，不属于报表附注应披露内容的是（　）。

A. 关联方交易　　B. 资产负债表日后事项

C. 利润表结构　　D. 现金流量表内容

4. 下列各项关于报表附注的表述，正确的是（　）。

A. 企业应当在附注中披露关于其他综合收益各项目的信息

B. 对于营业期限有限的企业，还应当披露有关其营业期限的信息

C. 企业应当在附注中披露终止经营的收入、费用、利润总额、所得税费用和净利润

D. 重要会计政策的说明，包括财务报表项目的计量基础和在运用会计政策过程中所做的重要判断等

5. 下列各项中，企业应在报表附注披露的基本情况是（　）。

A. 企业注册地　　B. 财务报告的批准报出者

C. 企业的业务性质　　D. 母公司以及集团最终母公司的名称

项目综合训练

1. 甲公司2022年有关会计报表和补充资料如下：

（1）资产负债表部分资料见表16-7。

表16-7 资产负债表部分资料 单位：万元

项　目	期初余额	期末余额
应收票据	300	400
应收账款	600	200
预收款项	100	200
存货	9 760	7 840
应付票据	750	890
应付账款	670	540
预付款项	1 200	1 300

（2）利润表部分资料见表16-8。

表16-8 利润表部分资料 单位：万元

项　目	本期金额
营业收入	50 000
营业成本	30 000

（3）补充资料：

①本年计提坏账准备10万元。

②本期销售商品的增值税销项税额为6 500万元，本期采购原材料的增值税进项税额为3 400万元。

③“营业成本”项目中包括计提车间折旧费50万元，分配生产车间工人薪酬130万元。

④“存货”项目中包括计提车间折旧费20万元，分配生产车间工人薪酬80万元。

债权债务的增减变动均以货币资金结算，不考虑其他因素。

要求：

（1）计算甲公司2022年现金流量表的“销售商品、提供劳务收到的现金”金额；

（2）计算甲公司2022年现金流量表的“购买商品、接受劳务支付的现金”金额。

2. 乙公司2022年度有关账户资料见表16-9和表16-10。

表16-9　　账户余额表

2022年12月31日　　单位：元

总账账户	二级账户	借方余额	贷方余额
一、资产类			
库存现金		3 600.00	
银行存款		1 350 000.00	
其他货币资金			
	存出投资款	100 000.00	
交易性金融资产			
	成本	240 000.00	
	公允价值变动	20 000.00	
应收票据			
	A公司	1 380 000.00	
	B公司	1 130 000.00	
应收账款			
	C公司	480 000.00	
	D公司	720 000.00	
预付账款			
	甲公司	160 000.00	
	乙公司		220 000.00
坏账准备			36 000.00
其他应收款			
	张三	5 000.00	
应收股利		8 000.00	
原材料			
	原料及主要材料	974 000.00	
周转材料			
	包装物	45 000.00	
库存商品		849 000.00	
固定资产			
	房屋建筑物	7 400 000.00	
	生产设备	2 278 000.00	
	运输设备	680 000.00	
	管理设备	958 000.00	
累计折旧			3 280 000.00
无形资产			
	土地使用权	1 350 000.00	

续表

总账账户	二级账户	借方余额	贷方余额
	土地使用权	1 350 000.00	
累计摊销			
	土地使用权		135 000.00
递延所得税资产			
	应收账款	9 000.00	
二、负债类			
短期借款			
应付票据			1 350 000.00
应付账款			
	丙公司		1 760 000.00
	丁公司	90 000.00	
合同负债	E公司		120 000.00
应付职工薪酬			750 000.00
应交税费			
	应交增值税		
	应交房产税		88 800.00
	应交车船税		1 500.00
	应交土地使用税		18 000.00
	应交所得税		85 000.00
	应交个人所得税		19 000.00
	未交增值税		350 000.00
	应交城市维护建设税		24 500.00
	应交教育费附加		10 500.00
	应交地方教育附加		7 000.00
递延所得税负债			
	交易性金融资产		5 000.00
三、所有者权益			
实收资本			10 000 000.00
资本公积			
	资本溢价		540 000.00
盈余公积			
	法定盈余公积		600 000.00
利润分配	未分配利润		1 219 300.00
四、成本类			
生产成本		390 000.00	
合 计		20 619 600.00	20 619 600.00

表16-10　　损益类账户发生额表（结转本年利润前发生额）

2022年12月31日　　金额单位：元

账户名称	1—12月累计发生额	
	借　方	贷　方
主营业务收入		21 500 000.00
公允价值变动损益		20 000.00
投资收益		8 000.00
营业外收入		48 500.00
主营业务成本	14 700 000.00	
税金及附加	150 300.00	
销售费用	1 500 000.00	
管理费用	3 360 000.00	
财务费用		
其中：手续费	52 000.00	
利息收入		18 000.00
信用减值损失	36 000.00	
营业外支出	55 800.00	
所得税费用	435 100.00	

要求：

（1）编制乙公司2022年12月31日资产负债表（见表16-11）。

（2）编制乙公司2022年度利润表（见表16-12）。

表16-11　　资产负债表　　会企01表

编制单位：　　2022年12月31日　　单位：元

资产	期末余额	上年年末余额	负债和所有者权益（或股东权益）	期末余额	上年年末余额
流动资产：			流动负债：		
货币资金			短期借款		
交易性金融资产			交易性金融负债		
衍生金融资产			衍生金融负债		
应收票据			应付票据		
应收账款			应付账款		
应收款项融资			预收款项		
预付款项			合同负债		
其他应收款			应付职工薪酬		

续表

资产	期末余额	上年年末余额	负债和所有者权益（或股东权益）	期末余额	上年年末余额
存货			应交税费		
合同资产			其他应付款		
持有待售资产			持有待售负债		
一年内到期的非流动资产			一年内到期的非流动负债		
其他流动资产			其他流动负债		
流动资产合计			流动负债合计		
非流动资产：			非流动负债：		
债权投资			长期借款		
其他债权投资			应付债券		
长期应收款			其中：优先股		
长期股权投资			永续债		
其他权益工具投资			租赁负债		
其他非流动金融资产			长期应付款		
投资性房地产			预计负债		
固定资产			递延收益		
在建工程			递延所得税负债		
生产性生物资产			其他非流动负债		
油气资产			非流动负债合计		
使用权资产			负债合计		
无形资产			所有者权益（或股东权益）：		
开发支出			实收资本（或股本）		
商誉			其他权益工具		
长期待摊费用			其中：优先股		
递延所得税资产			永续债		
其他非流动资产			资本公积		
非流动资产合计			减：库存股		
			其他综合收益		
			盈余公积		
			未分配利润		
			所有者权益（或股东权益）合计		
资产总计			负债和所有者权益（或股东权益）总计		

表16-12　　利润表　　会企02表

编制单位：　　2022年度　　单位：元

项目	本期金额
一、营业收入	
减：营业成本	
税金及附加	
销售费用	
管理费用	
研发费用	
财务费用	
其中：利息费用	
利息收入	
加：其他收益	
投资收益（损失以“-”号填列）	
其中：对联营企业和合营企业的投资收益	
以摊余成本计量的金融资产终止确认收益（损失以“-”号填列）	
净敞口套期收益（损失以“-”号填列）	
公允价值变动收益（损失以“-”号填列）	
信用减值损失（损失以“-”号填列）	
资产减值损失（损失以“-”号填列）	
资产处置收益（损失以“-”号填列）	
二、营业利润（亏损以“-”号填列）	
加：营业外收入	
减：营业外支出	
三、利润总额（亏损总额以“-”号填列）	
减：所得税费用	
四、净利润（净亏损以“-”号填列）	
（一）持续经营净利润（净亏损以“-”号填列）	
（二）终止经营净利润（净亏损以“-”号填列）	
五、其他综合收益的税后净额	

续表

项目	本期金额
（一）不能重分类进损益的其他综合收益	
1.重新计量设定受益计划变动额	
2.权益法下不能转损益的其他综合收益	
3.其他权益工具投资公允价值变动	
4.企业自身信用风险公允价值变动	
……	
（二）将重分类进损益的其他综合收益	
1.权益法下可转损益的其他综合收益	
2.其他债权投资公允价值变动	
3.金融资产重分类计入其他综合收益的金额	
4.其他债权投资信用减值准备	
5.现金流量套期储备	
6.外币财务报表折算差额	
……	
六、综合收益总额	
七、每股收益	
（一）基本每股收益	
（二）稀释每股收益	

附 录

企业财务会计（上）期末测试题（一）

题号	一	二	三	四	五	总分
得分						

一、单项选择题（每题只有一个正确答案，请将正确答案填在括号内；每小题1分，共10分）

1.下列各项中，不可以用现金支付的是（　　）。

A.购买办公用品250元　　B.向个人收购农副产品20 000元

C.从某公司购入工业产品60 000元　　D.支付职工差旅费10 000元

2.下列各项中，不属于其他货币资金核算范围的是（　　）。

A.银行汇票存款　　B.银行本票存款

C.信用卡存款　　D.银行借款转存

3.2022年9月1日，甲公司以1 000万元取得乙公司22%的股份，作为长期股权投资核算，取得长期股权投资时乙公司可辨认净资产的账面价值为3 000万元，公允价值为4 000万元。不考虑其他因素，甲公司取得该项长期股权投资的初始入账价值为（　　）万元。

A.1 000　　B.660　　C.880　　D.3 000

4.下列各项中，不应作为原材料进行核算和管理的是（　　）。

A.原料及主要材料　　B.修理用备件

C.工程物资　　D.包装材料

5.华美公司销售产品领用不单独计价包装物一批，其计划成本为8 000元，材料成本差异率为1%。对于该项业务，不考虑其他因素，下列说法中正确的是（　　）。

A.应计入销售费用的金额为8 080元

B.应计入其他业务成本的金额为7 920元

C.应计入其他业务成本的金额为8 080元

D.应计入销售费用的金额为7 920元

6.甲企业购入一台不需要安装的设备，取得的增值税专用发票上注明的设备价款为20万元、增值税税额为2.6万元，货物运输增值税专用发票上注明的运输费为2 500元、增值税税额为225元，该固定资产的成本是（　　）元。

A.228 725　　B.202 500　　C.226 000　　D.202 725

7.某企业销售商品时收到一张期限为6个月的带息商业承兑汇票，票面价值为100万元，票面年利率为4%。该票据到期时，企业应收到的金额为（　　）万元。

A.100　　B.102　　C.104　　D.140

8.采用备抵法核算坏账，企业实际发生坏账时，应借记的账户是（　　）。

A.“应收账款”　　B.“银行存款”

C. “坏账准备”　　D. “信用减值损失”

9. 下列各项中，属于投资性房地产的是（　　）。

A. 企业拥有并自行经营的饭店

B. 企业自用的办公楼

C. 房地产开发企业正在开发的商品房

D. 企业持有拟增值后转让的土地使用权

10. 下列各项中，不属于无形资产的是（　　）。

A. 专利权　　B. 土地使用权　　C. 商誉　　D. 著作权

二、多项选择题（每题有两个或两个以上正确答案，请将正确答案填在括号内；每小题2分，共20分）

1. 下列各项中，不应计入交易性金融资产入账价值的有（　　）。

A. 支付的价款

B. 支付的手续费或佣金

C. 支付的已到付息期但尚未领取的利息

D. 支付的已宣告但尚未领取的现金股利

2. 下列各项中，能够引起企业负债增加的有（　　）。

A. 出售交易性金融资产　　B. 用银行存款购买库存商品

C. 借入借款　　D. 用商业汇票购买材料

3. 下列各项中，属于企业长期股权投资后续计量的方法有（　　）。

A. 成本法　　B. 备抵法

C. 权益法　　D. 个别计价法

4. 企业发生的下列存货盘亏或毁损中，应将其净损失计入管理费用的有（　　）。

A. 定额内自然损耗　　B. 管理不善造成的毁损

C. 自然灾害造成的毁损　　D. 收发计量差错造成的短缺

5. 下列各项中，企业因销售商品取得时，应通过“应收票据”账户核算的有（　　）。

A. 商业承兑汇票　　B. 支票

C. 银行承兑汇票　　D. 银行本票

6. 下列各项关于成本与可变现净值孰低法的表述，错误的有（　　）。

A. 成本是指存货的购货成本

B. 可变现净值是指存货的现行售价

C. 当成本低于可变现净值时，存货按成本计价

D. 当可变现净值高于成本时，存货按可变现净值计价

7. 下列各项中，企业应计提折旧的有（　　）。

A. 未使用的机器设备　　B. 大修理停用的机器设备

C. 正在改扩建的房屋　　D. 不需用的生产设备

8. 下列各项中，属于“其他应收款”账户核算内容的有（　　）。

A. 备用金　　B. 应收出租包装物的租金

C. 应收票据　　D. 应收的各种赔款

9. 一般纳税人委托其他单位加工材料收回后直接对外销售的，其发生的下列支出中，应计入委托加工材料成本的有（　　）。

A. 发出材料的实际成本　　B. 支付给受托方的加工费

C. 支付给受托方的增值税　　D. 受托方代收代缴的消费税

10. 下列各项中，会引起无形资产账面价值发生增减变动的有（　　）。

A. 对无形资产计提减值准备　　B. 无形资产出租

C. 摊销无形资产　　D. 转让无形资产所有权

三、判断题（正确的打“√”，错误的打“×”；每小题1分，共10分）

1. 企业无法可靠区分研究阶段和开发阶段支出的，应将其所发生的研发支出全部资本化计入无形资产成本。（　　）

2. 经确认为小规模纳税企业，其采购货物支付的增值税，无论是否在发票上单独列明，一律计入所购货物的采购成本。（　　）

3. 企业以租赁方式租入的固定资产发生的改良支出，应直接计入当期损益。（　　）

4. 资产的可收回金额应当用其公允价值减去处置费用后的净额和预计未来现金流量现值孰低进行判断。（　　）

5. 采用加速折旧法计提固定资产折旧时，每年的折旧费用逐年增加。（　　）

6. 投资企业取得交易性金融资产之后，收到的股票股利是被投资企业给予投资企业的回报，投资企业应确认投资收益。（　　）

7. 企业预付账款业务不多时，可以不设“预付账款”账户，而用“应付账款”账户代替。（　　）

8. 当月增加的固定资产，当月应计提折旧；当月减少的固定资产，当月不再计提折旧。（　　）

9. 企业生产车间发生的固定资产修理费应计入制造费用。（　　）

10. 无形资产都要进行摊销，如果使用寿命不确定则按10年摊销。（　　）

四、不定项选择题（每题至少有一个正确答案，请将正确答案填在括号内；每小题2分，共12分）

甲企业为增值税一般纳税人，主营业务是销售商品，适用的增值税税率为13%。2022年12月1日，甲企业“应收账款”账户借方余额为100万元，“坏账准备”账户贷方余额为5万元，企业通过对应收账款的信用风险特征进行分析，确定计提坏账准备的比例为期末应收账款余额的5%。该企业12月发生与应收账款相关的业务如下：

1日，甲企业向乙公司赊销一批商品，按商品的价格为1 000万元（不含增值税），开出增值税专用发票价税合计金额1 130万元，为乙公司代垫运杂费、包装费共计1万元，该销售符合收入确认条件。

8日，收到乙公司的销售货款并存入银行。

15日，某客户破产，根据清算程序，有50万元应收账款不能收回，经批准确认为坏账。

20日，收到前期作为坏账已转销的应收账款20万元，存入银行。

30日，向丙公司赊销一批商品，增值税专用发票上注明的售价为100万元，增值税税额为13万元，符合销售收入确认条件。至12月31日款项尚未收回。

要求：

根据上述资料，不考虑其他因素，回答下列（1）—（6）小题。（答案中的金额单位用万元表示）

（1）12月1日，下列各项关于甲企业赊销商品会计处理的表述，正确的有（　　）。

A.应确认销售收入1 000万元

B.增加应收账款1 130万元

C.代垫的运杂费、包装费计入应收账款金额

D.增加应收账款1 131万元

（2）12月8日，下列各项中，甲企业收到货款对其资产负债的影响有（　　）。

A.资产增加　　B.资产总额不变

C.负债减少　　D.资产增加、负债减少

（3）12月15日，下列各项中，甲企业确认坏账的会计处理不正确的有（　　）。

A.借：营业外支出　　50
　　贷：应收账款　　50

B.借：坏账准备　　50
　　贷：应收账款　　50

C.借：坏账准备　　50
　　贷：信用减值损失　　50

D.借：营业外支出　　50
　　贷：坏账准备　　50

（4）12月20日，下列各项中，甲企业收回已转销坏账的会计处理正确的有（　　）。

A.借：银行存款　　20
　　贷：应收账款　　20

B.借：应收账款　　20
　　贷：坏账准备　　20

C.借：坏账准备　　20
　　贷：信用减值损失　　20

D.借：坏账准备　　20
　　贷：营业外支出　　20

（5）12月31日，甲企业应收账款的账面余额为（　　）万元。

A.163　　B.1 294　　C.263　　D.1 374

（6）12月31日，甲企业应计提的坏账准备金额为（　　）万元。

A.8.15　　B.33.15　　C.16.75　　D.52.30

五、业务题（共48分）

1.甲公司为增值税一般纳税人，2020—2022年发生与生产设备（车床）相关的业务

如下：

（1）2020年12月5日，购入需要安装的生产用车床一台，增值税专用发票上注明的价款为90万元、增值税税额为11.7万元，货物运输增值税专用发票上注明的运输费为3.8万元、增值税税额为0.342万元，货款和运输费开出转账支票予以支付，设备已验收。

（2）安装过程中领用生产用材料4.8万元，安装工人的薪酬为5.2万元，用银行存款支付其他支出0.4万元。

（3）2020年12月25日，该车床安装完毕达到预定可使用状态。该设备预计使用年限为10年，预计净残值为4.2万元，采用年限平均法计提折旧。

（4）2021年末计提2020年折旧。

（5）2021年12月31日，由于与该车床相关的经济因素发生了不利变化，致使其发生减值，估计其可收回金额为78万元。假定计提减值准备后该车床的预计使用寿命、预计净残值均不变。

（6）计提2021年1—6月的折旧。

（7）2022年6月5日，因甲公司转产该车床予以出售，将车床转入清理状态。

（8）2022年6月6日，出售该车床价税合计金额为90.4万元。开具的增值税专用发票列示的价款为80万元、增值税税额为10.4万元。

（9）2022年6月7日，结转该车床出售损益。

要求：不考虑其他因素，编制上述经济业务的会计分录。（18分）（答案中的金额单位用万元表示）

2. 乙公司为增值税一般纳税人，2021—2022年发生与交易性金融资产相关业务如下：

（1）2021年3月16日，乙公司委托证券公司从二级市场购入丙公司股票，并将其划分为交易性金融资产。支付价款1 600万元（其中包含宣告但尚未发放的现金股利40万元），另支付相关交易费用4万元。

（2）2021年5月5日，乙公司收到丙公司发放的现金股利40万元，并存入银行。

（3）2021年6月30日，乙公司持有的丙公司股票的公允价值下跌为1 380万元。

（4）2021年12月31日，乙公司持有的丙公司股票的公允价值上涨为1 580万元

（5）2022年1月15日，乙公司将持有的丙公司股票全部出售，售价为1 621.20万元，款项已存入银行，该笔交易确认应交增值税1.20万元。

要求：

（1）编制丙公司上述经济业务的会计分录。（12分）

（2）计算上述业务对损益的影响。（2分）（答案中的金额单位用万元表示）

3. 丁公司为增值税一般纳税人，原材料采用实际成本计价核算，月末采用全月一次加权平均法计算发出材料成本。5月初结存C材料2 000千克，每千克实际成本300元。

（1）5月10日，购入C材料500千克并验收入库，每千克实际成本320元，取得的增值税专用发票上注明的价款为160 000元、税额为20 800元，开出商业汇票结算价款。

（2）5月25日，发出C材料1 800千克，其中用于仓库日常维修500千克，用于独立销售部门日常维修300千克，其余材料用于M产品生产。

要求：

（1）编制购进C材料的会计分录。（2分）

（2）计算发出C材料的成本。（3分）

（3）编制发出C材料的会计分录。（3分）

4.戊公司为一家高科技软件公司，2022年开发了一种新的应用程序软件。第一阶段为研究阶段，对产品进行可行性研究，并提出具体开发产品的初步方案，本阶段发生科研人员的工资60万元，原材料耗用40万元。第二阶段为开发阶段，使研究的产品具有商品价值，直接能上市出售，该阶段发生的费用为300万元，均为研发人员工资，且满足资本化条件。假定研发过程中不考虑相关税费。

要求：根据上述经济业务编制有关会计分录。(8分)（答案中的金额单位用万元表示）

企业财务会计（上）期末测试题（二）

题号	一	二	三	四	五	总分
得分						

一、单项选择题（每题只有一个正确答案，请将正确答案填在括号内；每小题1分，共10分）

1.企业提供的会计信息应当反映与企业财务状况、经营成果和现金流量等有关的所有重要交易或者事项，所遵循的会计信息质量要求是（　　）。

A.重要性　　B.实质重于形式　　C.谨慎性　　D.及时性

2.下列各项不符合资产要素定义的是（　　）。

A.委托代销商品　　B.委托加工物资

C.待处理财产损失　　D.尚待加工的半成品

3.下列各项属于应收票据核算的是（　　）。

A.银行本票　　B.银行汇票　　C.商业汇票　　D.支票

4.交易性金融资产公允价值的变动，应当计入（　　）。

A.其他综合收益　　B.公允价值变动损益

C.资本公积　　D.投资收益

5.下列各项不应计入外购存货采购成本的是（　　）。

A.运输途中的合理损耗　　B.不能抵扣的增值税

C.采购人员差旅费　　D.进口关税

6.下列各项关于固定资产业务的说法中，不正确的是（　　）。

A.需要安装的固定资产通过“在建工程”账户核算

B.盘盈盘亏的固定资产通过“待处理财产损溢”账户核算

C.出售的固定资产通过“固定资产清理”账户核算

D.计提固定资产减值准备通过“固定资产减值准备”账户核算

7.下列各项关于无形资产摊销的表述，不正确的是（　　）。

A.使用寿命不确定的无形资产不应摊销

B.出租无形资产的摊销额应计入管理费用

C.使用寿命有限的无形资产处置当月不再摊销

D.自行研发无形资产的研究支出计入当期管理费用

8.下列各项中，属于投资性房地产的是（　　）。

A.房地产开发企业开发的准备出售的房屋

B.房地产开发企业拥有的已出租建筑物

C.企业持有的准备建造房屋的土地使用权

D.企业持有并准备增值后转让的建筑物

9.根据《企业会计准则第2号——长期股权投资》的规定，长期股权投资采用权益法核算时，初始投资成本大于应享有被投资企业可辨认净资产公允价值份额之间的差额，正确的会计处理是（ ）。

A.计入投资收益　　B.冲减资本公积

C.计入营业外支出　　D.不调整初始投资成本

10.非企业合并方式取得长期股权投资时支付的税费、手续费等相关费用，应记入的账户是（ ）。

A.“长期股权投资”　　B.“投资收益”

C.“财务费用”　　D.“管理费用”

二、多项选择题（每题有两个或两个以上正确答案，请将正确答案填在括号内；每小题2分，共20分）

1.我国企业会计准则体系包括的有（ ）。

A.基本准则　　B.具体准则　　C.应用指南　　D.解释公告

2.下列各项属于其他货币资金核算内容的有（ ）。

A.银行本票存款　　B.银行汇票存款　　C.信用卡存款　　D.外埠存款

3.下列各项在“材料成本差异”账户贷方登记的有（ ）。

A.收入材料转入的节约差异　　B.收入材料转入的超支差异

C.发出材料负担的节约差异　　D.发出材料负担的超支差异

4.下列各项关于周转材料会计处理的表述，正确的有（ ）。

A.多次使用的包装物应根据使用次数分次进行摊销

B.低值易耗品金额较小的可在领用时一次计入成本费用

C.随同商品销售出借的包装物的摊销额应计入管理费用

D.随同商品出售、单独计价的包装物取得的收入应计入其他业务收入

5.下列各项影响固定资产折旧因素的有（ ）。

A.固定资产原价　　B.固定资产的预计使用寿命

C.固定资产预计净残值　　D.已计提的固定资产减值准备

6.下列各项关于固定资产折旧的表述，正确的有（ ）。

A.当月增加的固定资产当月计提折旧，当月减少的固定资产当月不提折旧

B.当月增加的固定资产当月不提折旧，当月减少的固定资产当月计提折旧

C.企业应当对所有在用的固定资产计提折旧

D.作为固定资产入账的土地不提折旧

7.下列各项中，不作为企业固定资产核算的有（ ）。

A.租入设备　　B.租入土地

C.经营租出设备　　D.经营租出办公楼

8.下列各项资产减值一经确认不允许转回的有（ ）。

A.坏账准备　　B.存货跌价准备

C.固定资产减值准备　　D.无形资产减值准备

9.下列各项应计入相关资产成本的有（ ）。

A.租入管理用设备的租赁费

B.委托加工物资的加工费

C.购进原材料在运输途中发生的合理损耗

D.申请专利发生的评估费

10.采用成本法核算长期股权投资时，下列各项影响投资企业“投资收益”账户的有（　　）。

A.被投资企业宣告分派现金股利

B.被投资企业宣告分派股票股利

C.被投资企业发生亏损

D.投资企业处置长期股权投资取得的价款与长期股权投资账面价值的差额

三、判断题（正确的打“√”，错误的打“×”；每小题1分，共10分）

1.会计核算谨慎性要求，一般是指对可能发生的损失和费用应当合理预计，对可能实现的收益不预计，但对很可能实现的收益应当预计。（　　）

2.资产是指由于过去的交易或事项引起的，企业拥有的经济资源。（　　）

3.单独测试未发现减值的金融资产应收账款，不需要计提减值准备。（　　）

4.房地产企业持有准备出售的商品房作为存货核算。（　　）

5.盘盈的存货报经批准后计入营业外收入。（　　）

6.公司采购材料，在折扣期内取得的现金折扣，应冲减材料的采购成本。（　　）

7.企业购入不需要安装的生产设备，购买价款超过正常信用条件延期支付，实质具有融资性质的，应当以购买价款的现值为基础确定其成本。（　　）

8.企业发生的租入的固定资产的租金，应直接计入当期损益。（　　）

9.使用寿命有限的无形资产应当自达到预定用途的下月起开始摊销。（　　）

10.股权投资采用权益法核算，被投资企业宣告分派现金股利时，投资企业按照应得的金额确认投资收益。（　　）

四、不定项选择题（每题至少有一个正确答案，请将正确答案填在括号内；每小题2分，共10分）

华伟公司于2014年12月31日收到投资者投入的生产用机器设备一台，有关资料如下：

（1）该设备的原值为78万元，已提折旧16万元，预计净残值为2万元，尚可使用8年，双方约定按净值作为投资额，华伟公司采用直线法计提折旧。

（2）2016年12月31日，由于与该固定资产相关的经济因素发生了不利变化，致使其发生减值，华伟公司估计可收回金额为44万元。

（3）2018年12月31日，华伟公司发现导致该固定资产2016年发生减值损失的不利因素已全部消失，且估计此时可收回金额为36万元。

（4）2022年12月31日，该设备使用期满，经批准转入清理。清理过程中发生清理费用3 000元，残值收入18 000元，均以银行存款收付。清理工作结束。

要求：根据上述资料，不考虑其他因素，分析回答下列第（1）—（5）小题。

（1）根据资料（1），下列各项中，华伟公司取得设备表述正确的是（　　）。

A.设备的入账价值为78万元

B.设备的入账价值为62万元

C.实收资本增加62万元

D.资本公积增加16万元

（2）根据资料（1），下列各项关于设备折旧的表述，正确的是（　　）。

A.设备的应提折旧为60万元

B.设备的年折旧率为8.06%

C.2014年计提折旧0.625万元

D.2015年计提折旧7.5万元

（3）根据资料（2），下列各项中，关于设备的折旧表述正确的是（　　）。

A.2016年该设备计提折旧7.5万元

B.2016年12月31日，确认的减值损失3万元

C.2016年12月31日，确认的减值损失编制的会计分录为

借：资产减值损失　　30 000

　　贷：固定资产减值准备　　30 000

D.2017年，该设备计提折旧7万元

（4）根据资料（3），下列各项中，表述正确的是（　　）。

A.2018年计提折旧7万元

B.2018年末减值因素消失，转销减值准备

C.2018年12月31日设备账面价值为36万元

D.2019年计提折旧6万元

（5）根据资料（4），下列各项中，表述正确的是（　　）。

A.2022年12月31日，设备账面价值为2万元

B.2022年12月31日，设备累计计提折旧60万元

C.设备清理结束，发生清理净损失5 000元

D.发生的清理净损失计入资产处置损益

五、综合分析题（2小题，共50分）

1.（28分）甲公司为增值税一般纳税人，2022年发生如下经济业务：

（1）2022年6月购入不需要安装的设备一台，取得的增值税专用发票上注明的设备买价56万元、增值税税额7.28万元；运杂费1.8万元、增值税税额0.162万元，款项全部付清。该设备预计使用10年，预计净残值为2.8万元。

（2）甲公司采用账龄分析法计提坏账准备，2022年年初坏账准备为贷方余额12万元，当年收回已作为坏账损失处理的应收账款25万元，期末应收账款余额550万元，其中未到期金额为250万元，过期1—3个月的为300万元。

（3）甲公司2022年12月1日结存材料的计划成本为40万元，成本差异为节约2 000元；当月入库该材料的计划成本为60万元，成本差异为超支4 000元；本月发出该材料

的计划成本为52万元。

要求：

（1）根据资料（1），确定设备的初始入账价值并作出购买设备的会计分录。

（2）根据资料（1），分别采用双倍余额递减法、年数总和法计算该设备2022年、2023年应计提的折旧额。

（3）假定未到期应收账款计提坏账准备的比例为1%，逾期应收账款计提坏账准备的比例为5%，根据资料（2）计算甲公司2022年应计提的坏账准备金额，并作出2022年收回转销坏账及计提坏账准备的会计分录。

（4）根据资料（3）分别计算该材料2022年12月的材料成本差异率；12月发出材料应分摊的材料成本差异和实际成本；12月末库存材料应分摊的材料成本差异和实际成本。

2.（22分）乙公司为一家上市公司，2022年对外投资的有关资料如下：

（1）1月15日，乙公司以银行存款购买A公司发行的股票200万股准备长期持有，实际支付价款10 000万元，另支付相关税费120万元，占A公司有表决权股份的40%，能够对A公司施加重大影响，投资时A公司可辨认净资产的公允价值为30 000万元（各项可辨认资产、负债的公允价值与账面价值相同）。

（2）3月16日，乙公司委托证券公司从二级市场购入B公司股票，并将其划分为交易性金融资产。支付价款1 600万元（其中包含已宣告但尚未发放的现金股利40万元），另支付相关交易费用4万元。

（3）5月5日，乙公司收到B公司发放的现金股利40万元并存入银行。

（4）6月30日，乙公司持有的B公司股票的公允价值下跌为1 460万元。

（5）7月15日，乙公司将持有的B公司股票全部出售，售价为1 640万元，款项存入银行。

（6）7月30日，计算结转乙公司出售B股票应交的增值税，增值税税率为6%。

（7）8月5日，缴纳上月出售B股票应交的增值税。

（8）A公司2022年实现净利润5 000万元。

（9）A公司2022年年末因出售金融资产的公允价值变动增加其他综合收益700万元。

要求：假定除上述资料外，不考虑其他相关因素，逐笔编制乙公司相关会计分录。

企业财务会计（下）期末测试题（一）

题号	一	二	三	四	五	六	总分
得分							

一、单项选择题（每题只有一个正确答案，请将正确答案填在括号内；每小题1分，共10分）

1. 企业计提短期借款利息时，应贷记的账户是（　　）。

A. “短期借款”　B. “管理费用”　C. “财务费用”　D. “应付利息”

2. 企业开出并承兑的商业承兑汇票到期时，如无力支付，应在票据到期并未签发新的票据时，应将“应付票据”账户的账面余额（　　）。

A. 转入“其他应付款”账户　B. 转入“应付账款”账户
C. 转入“短期借款”账户　D. 继续保留在“应付票据”账户

3. 下列各项不属于职工薪酬的是（　　）。

A. 职工出差报销的火车票　B. 职工福利费
C. 养老保险费　D. 职工工资

4. 企业从应付职工薪酬中扣还的个人所得税，贷记的账户是（　　）。

A. “应付职工薪酬”　B. “应交税费——应交个人所得税”
C. “银行存款”　D. “其他应收款”

5. 企业将自产的煤炭用于生产车间一般消耗，按规定应缴纳的资源税应记入的账户是（　　）。

A. “生产成本”　B. “制造费用”　C. “销售费用”　D. “税金及附加”

6. 下列各项对于资本公积中的资本溢价的使用，符合规定的是（　　）。

A. 资本公积转增资本　B. 资本公积弥补亏损
C. 资本公积发放股利　D. 资本公积用于集体福利设施建设

7. 下列各项不属于企业留存收益的是（　　）。

A. 法定盈余公积　B. 任意盈余公积
C. 资本公积　D. 未分配利润

8. 在“利润分配”所属的各明细账户中，年末有余额的明细账户是（　　）。

A. “盈余公积补亏”　B. “提取法定盈余公积”
C. “应付现金股利或利润”　D. “未分配利润”

9. 下列各项属于合同取得成本的是（　　）。

A. 差旅费　B. 投标费
C. 销售佣金　D. 为准备投标资料发生的相关费用

10. 甲公司与客户签订合同为其建造一栋厂房，约定的价款为1 000万元，6个月完工，合同中约定，若提前1个月完工，客户将额外奖励甲公司50万元。甲公司估计工程提前1个月完工的概率为95%，不考虑其他因素，则甲公司应确定的交易价格为（ ）万元。

A.1 000　　B.1 050　　C.1 045　　D.950

二、多项选择题（每题有两个或两个以上正确答案，请将正确答案填在括号内；每小题2分，共20分）

1. 下列各项应付未付的款项中，应登记在“应付账款”账户贷方的有（ ）。

A. 购买材料的货款　　B. 购买包装物而由供应方垫付的运杂费

C. 委托加工物资的加工费　　D. 应付水电费

2. 下列各项应通过“其他应付款”账户核算的有（ ）。

A. 应付的租入包装物租金　　B. 应付的赔款和罚款

C. 应付的客户存入保证金　　D. 结转到期无力支付的应付票据

3. 下列各项应作为应付职工薪酬核算的有（ ）。

A. 支付的工会经费　　B. 支付的职工教育经费

C. 为职工支付的住房公积金　　D. 为职工无偿提供的医疗保健服务

4. 企业城市维护建设税的计税依据有（ ）。

A. 增值税　　B. 消费税　　C. 资源税　　D. 所得税

5. 下列各项应计入有关成本的有（ ）。

A. 以产成品对外投资应交的增值税

B. 在建工程使用本企业生产的产品应交的消费税

C. 小规模纳税企业购入商品应交的增值税

D. 出口商品不予退回的增值税部分

6. 下列各项在“实收资本”账户贷方登记的有（ ）。

A. 投资者投入的资本　　B. 按规定减资引起的投入资本的减少

C. 资本公积转增的资本　　D. 盈余公积转增的资本

7. 下列各项符合费用定义的有（ ）。

A. 销售费用　　B. 税金及附加　　C. 管理费用　　D. 营业外支出

8. 下列各项应作为单项履约义务的有（ ）。

A. 企业与客户签订合同，向其销售商品并提供安装服务，该安装服务简单，除该企业外其他供应商也可以提供此类安装服务

B. 企业与客户签订合同，向其销售商品并提供安装服务，该安装服务复杂且商品需要按客户定制要求修改

C. 酒店管理服务

D. 保洁服务

9. 下列各项中，应计入工业企业其他业务收入的有（ ）。

A. 出售原材料取得的收入

B. 随同产品出售单独计价的包装物的收入

C. 持有交易性金融资产取得的现金股利收入

D. 对外出租固定资产的租金收入

10. 下列各项中，不应确认为营业外支出的有（　　）。

A. 对外捐赠支出　　B. 出售固定资产的净损失

C. 计提的存货跌价准备　　D. 罚款支出

三、判断题（正确的打“√”，错误的打“×”；每小题1分，共10分）

1. 资产负债表是反映企业在某一段时期的财务状况的会计报表。（　　）

2. 存货、固定资产发生盘亏损失，应计入营业外支出。（　　）

3. 年末，“利润分配——未分配利润”账户可能出现借方余额，也可能出现贷方余额。（　　）

4. 根据企业会计准则的规定，当期利润总额中扣除的所得税费用等于当期所得税和递延所得税之和。（　　）

5. 企业董事会或类似机构审议通过的利润分配方案中拟分配的现金股利或利润，应确认为负债。（　　）

6. 企业发行股票支付的手续费等发行费用，应计入当期财务费用。（　　）

7. 企业应缴纳的印花税、车船税、房产税应记入“税金及附加”账户。（　　）

8. 企业转销确实无法支付的应付账款，应按其账面余额计入资本公积。（　　）

9. “短期借款”账户核算短期借款本金和利息的发生及偿还情况。（　　）

10. 对于在某一时点履行的履约义务，企业应当在履行了合同中的履约义务，即在客户取得相关商品控制权时确认收入。（　　）

四、不定项选择题（每题至少有一个正确答案，请将正确答案填在括号内；每小题2分，共10分）

众诚公司为增值税一般纳税人，销售商品适用的增值税税率为13%，消费税税率为10%，产品销售价格中均不含增值税。销售产品为公司的主营业务，在确认收入时逐笔结转销售成本。2022年6月众诚公司发生的部分经济业务如下：

（1）5日向A公司销售应税消费品100 000件，单价10元。为了鼓励多购商品，众诚公司同意给予A公司10%的商业折扣，同时以银行存款支付运费10 900元（含增值税，运费的增值税率为9%），运费由销售方承担。该批商品的实际成本为500 000元，商品已经发出，货款尚未收到。

（2）8日，在购买C材料业务中，根据对方给出的现金折扣条件提前付款，获得对方给予的现金折扣5 000元。

（3）10日为拓展市场发生业务招待费50 000元，以银行存款支付。

（4）30日将自产产品（应税消费品）发放给销售人员作为福利，该批产品的实际成本为30 000元，市价为50 000元。

（5）30日，分配本月材料费用，基本生产车间领用材料700 000元，辅助生产车间领用材料300 000元，车间管理部门领用材料43 000元，企业行政管理部门领用材料7 000元。

（6）计提本月应负担的产品日常经营活动中的城市维护建设税5 100元，教育费附加1 700元。

（7）结转本月随同产品出售但不单独计价的包装物成本4 000元。

要求：根据上述资料，不考虑其他因素，分析回答下列第（1）—（5）小题。

（1）根据资料（1）和（2），下列各项中，关于销售应税消费品会计处理表述正确的是（　　）。

A.众诚公司销售应税消费品业务属于在某一时点履行的履约义务

B.众诚公司销售应税消费品确认的主营业务收入应按商品的标价扣除商业折扣后的金额入账

C.众诚公司销售应税消费品承担的运费应计入销售费用

D.众诚公司购买材料的现金折扣应冲减成本

（2）根据资料（1）和（2），下列各项中，会计处理结果正确的是（　　）。

A.6月5日，众诚公司应确认的销售商品收入是1 000 000元

B.6月5日，众诚公司应确认的销售商品收入是910 000元

C.6月5日，众诚公司应收账款的入账价值是1 017 000元

D.6月8日，众诚公司应冲减财务费用5 000元

（3）根据资料（3）—（6），下列各项中，会计处理正确的是（　　）。

A.借：销售费用　　50 000

　　贷：银行存款　　50 000

B.借：销售费用　　36 500

　　贷：应付职工薪酬　　36 500

借：应付职工薪酬　　36 500

　　贷：库存商品　　30 000

　　　　应交税费——应交增值税（销项税额）　　6 500

C.借：生产成本——基本生产成本　　700 000

　　　生产成本——辅助生产成本　　300 000

　　　制造费用　　43 000

　　　管理费用　　7 000

　　贷：原材料　　1 050 000

D.借：税金及附加　　6 800

　　贷：应交税费——应交城市维护建设税　　5 100

　　　　　　　　——应交教育费附加　　1 700

（4）根据资料（7），众诚公司结转本月随同产品出售但不单独计价的包装物成本引起下列账户变动正确的是（　　）。

A.“销售费用”增加4 000元　　B.“周转材料”减少4 000元

C.“其他业务成本”增加4 000元　　D.“主营业务成本”增加4 000元

（5）根据资料（1）—（7），众诚公司2022年6月的销售费用是（　　）元。

A.71 400　　B.70 500　　C.48 800　　D.44 000

五、计算题（要求列数计算过程，本题共3小题，共22分）

1.（本小题4分）京华公司为增值税一般纳税人，2022年5月份购进商品允许抵扣的进项税额合计为20万元，5月初“应交税费——应交增值税”账户的借方余额为3万元，当月销售商品发生的销项税额合计为31万元，当月购进货物发生非常损失，原已计入进项税额的部分作进项税额转出的金额为6 000元，公司依法缴纳本月的增值税9 000元。除此以外，该公司没有发生其他涉及增值税的业务。

要求：根据上述资料，计算下列项目的金额。

（1）5月份应纳增值税额。

（2）5月末转出未交增值税额。

2.（本小题8分）中城公司适用的所得税税率为25%，2022年度公司实现的利润总额为3 000万元，应纳税所得额为3 200万元，递延所得税资产增加160万元；递延所得税负债增加280万元。

要求：根据上述资料，计算下列项目的金额。

（1）2022年度公司应交所得税。

（2）2022年末公司应确认的递延所得税。

（3）2022年末公司应确认的所得税费用。

（4）2022年度公司实现的净利润。

3.（本小题10分）万京公司2022年12月31日结账后部分账户的余额如下表：

部分账户余额表

单位：元

账户名称	借方余额	贷方余额
库存现金	75 600	
银行存款	300 000	
其他货币资金	0	
应收账款——A	600 000	
应收账款——B		400 000
坏账准备——应收账款		80 000
原材料	600 000	
周转材料	64 000	
库存商品	280 000	
生产成本	200 000	
固定资产	1 468 000	
累计折旧		415 000
固定资产清理	320 000	
预收账款——C	1 000 000	
预收账款——D		800 000

要求：根据上述资料，不考虑其他因素，计算资产负债表下列项目的金额。

（1）货币资金；（2）存货；（3）固定资产；（4）应收账款；（5）预收款项。

六、业务题（共28分）

新华公司为增值税一般纳税人，适用的增值税税率为13%。

要求：根据2022年12月发生的下列业务，编制相应的会计分录。（注：“应交税费”账户需写出明细账户）

（1）向银行借入12万元短期借款用于生产经营，期限6个月。

（2）本月应付电费38 400元，其中生产车间电费25 600元，行政管理部门电费12 800元，款项尚未支付。

（3）从凯盛公司购入甲材料一批，增值税专用发票上注明的价款为6万元，增值税税额为7 800元，材料已验收入库。新华公司开出一张商业汇票并经开户银行承兑，面值67 800元，期限为5个月。增值税专用发票已经过认证。

（4）计提本月由企业负担的住房公积金45 280元，其中生产成本36 900元，管理费用8 380元。

（5）以银行存款缴纳本月增值税税额13 000元。

（6）委托甲公司加工一批应税消费品，以银行存款支付加工费5 000元、增值税进项税额650元及消费税额30 000元。假定加工完成收回的应税消费品直接对外出售。取得的增值税专用发票已经过税务机关认证。

（7）收到甲公司投入的资金400万元存入银行，按合同规定甲公司投入资本在注册资本中所占的份额为320万元。

（8）以银行存款支付广告费共计95 400元，其中增值税税额为5 400元，取得的增值税专用发票已经过税务机关认证。

（9）以银行存款捐助灾区10 000元。

（10）与乙公司签订代销协议，委托乙公司销售A商品500吨，协议价为300元/吨，该商品的实际成本为200元/吨。乙公司应按协议价300元/吨对外销售，新华公司按不含增值税的销售价格的10%向乙公司支付手续费。除非这些商品在乙公司存放期间内由于乙公司的责任发生毁损或丢失，否则在A商品对外销售之前，乙公司没有义务向新华公司支付货款。乙公司不承担包销责任，没有售出的A商品需退回给新华公司，同时，新华公司也有权要求收回A商品或将其销售给其他的客户。12月10日，新华公司按合同向乙公司发出代销商品。

（11）本月实现主营业务收入800 000元，其他业务收入50 000元，营业外收入10 000元，将各收入、利得类账户的余额转入本年利润账户。

（12）将本月确认的所得税费用120 000元结转至“本年利润”账户。

（13）将本年实现的净利润100万元转入“利润分配——未分配利润”账户。

（14）向投资者宣告分配现金股利400 000元。

企业财务会计（下）期末测试题（二）

题号	一	二	三	四	五	总分
得分						

一、单项选择题（每题只有一个正确答案，请将正确答案填在括号内；每小题1分，共10分）

1. 企业经批准转销无法支付的应付账款时，应将该应付账款账面余额记入（　　）账户。

A.“资本公积” B.“其他应付款”

C.“其他业务收入” D.“营业外收入”

2. 公司收到即征即退返还的增值税款时，应贷记的账户是（　　）。

A.“营业外收入” B.“递延收益”

C.“管理费用” D.“其他收益”

3. 某企业2022年初所有者权益总额1 800万元，当年实现净利润500万元，提取盈余公积50万元，向投资者分配现金股利220万元，分派股票股利100万元，以资本公积转增资本230万元。该企业2022年末所有者权益总额为（　　）万元。

A.2 300 B.2 080 C.1 980 D.1 930

4. 下列各项中，符合会计要素收入定义的是（　　）。

A.出售材料收入 B.报废固定资产净收益

C.盘盈财产收入 D.向购货方收取的代垫运杂费

5. 某企业2022年12月发生的费用有：计提车间用固定资产折旧10万元，发生车间用固定资产修理费3万元，发生车间管理人员工资40万元，支付广告费用30万元，计提生产周转借款利息20万元，支付自行研发无形资产的研究费10万元，发生预期信用损失20万元，则该企业当期的期间费用总额为（　　）万元。

A.60 B.63 C.80 D.83

6. 企业2022年相关税费的发生额如下：增值税的销项税额为500万元，进项税额为450万元，销售应税消费品的消费税为50万元，城市维护建设税为7万元，教育费附加为3万元。不考虑其他因素，该企业2022年“税金及附加”科目借方累计发生额为（　　）万元。

A.60 B.110 C.10 D.50

7. 下列各项由企业承担的相关费用中，属于合同取得成本的是（　　）。

A.销售佣金 B.签订合同的差旅费

C.合同投标费 D.尽职调查费

8. 某企业2022年实际发放工资和津贴共计140万元，其中车间生产人员68万元，行政管理人员32万元，在建工程人员40万元；另外为行政管理人员代扣代缴个人所得税支付10万元。该企业本期现金流量表中“支付给职工以及为职工支付的现金”项目填列的金额为（ ）万元。

A.150　　B.140　　C.110　　D.100

9. 根据企业会计准则的规定，企业支付的所得税税款滞纳金应当计入（ ）。

A. 财务费用　　B. 管理费用

C. 营业外支出　　D. 所得税费用

10. 下列各项中，不影响留存收益总额的是（ ）。

A. 以盈余公积发放现金股利　　B. 以盈余公积转增资本

C. 以盈余公积弥补亏损　　D. 以实现的净利润分配现金股利

二、多项选择题（每题有两个或两个以上正确答案，请将正确答案填在括号内；每小题2分，共20分）

1. 在确定合同交易价格时，企业应当考虑的因素有（ ）。

A. 可变对价　　B. 合同中存在的重点融资成分

C. 辅助费用　　D. 应付客户对价

2. 下列各项不影响当期现金流量的有（ ）。

A. 计提固定资产折旧　　B. 发放股票股利

C. 非现金对价　　D. 以固定资产偿还债务

3. 资产负债表中，固定资产项目包括（ ）。

A. 固定资产原价　　B. 累计折旧

C. 固定资产清理　　D. 固定资产减值准备

4. 下列各项应于发生时计入物资成本或生产成本的有（ ）。

A. 小规模纳税企业购入原材料已缴的增值税

B. 将自产煤炭用于本企业产品生产时缴纳的资源税

C. 加工后用于连续生产的委托加工应税消费品受托方代扣代缴的消费税

D. 加工后直接对外销售的委托加工应税消费品受托方代扣代缴的消费税

5. 企业吸收投资者出资时，下列各项可能发生变化的有（ ）。

A. 盈余公积　　B. 资本公积

C. 实收资本　　D. 利润分配

6. 下列各项中，属于与收入确认有关的步骤的有（ ）。

A. 识别与客户订立的合同

B. 识别合同中的单项履约义务

C. 将交易价格分摊至各单项履约义务

D. 履行各单项履约义务时确认收入

7. 下列各项中，属于筹资活动产生的现金流量的有（ ）。

A. 处置固定资产收到的现金　　B. 吸收投资收到的现金

C. 分配股利支付的现金　　D. 借款收到的现金

8. 下列各项中，因账面价值与计税基础不一致形成暂时性差异的有（ ）。

A. 使用寿命不确定的无形资产

B.已确认公允价值变动损益的交易性金融资产

C.已计提减值准备的固定资产

D.因违反税法规定应缴纳但尚未缴纳的滞纳金

9.资产负债表债务法下，下列各项影响利润表“所得税费用”项目金额的有（ ）。

A.当期所得税　　B.递延所得税资产

C.递延所得税负债　　D.代扣代缴的个人所得税

10.下列各项中，应确认为应付职工薪酬的有（ ）。

A.非货币性福利　　B.社会保险费和辞退福利

C.职工工资、福利费　　D.工会经费和职工教育经费

三、判断题（正确的打“√”，错误的打“×”；每小题1分，共10分）

1.收入能够导致企业所有者权益增加，但导致所有者权益增加的不一定都是收入。（ ）

2.营业外收入不属于经营性收入，因而不缴纳企业所得税。（ ）

3.企业提供的资产负债表、利润表、现金流量表和所有者权益变动表等会计报表属于对外提供的财务资料，但会计报表附注不属于对外提供的资料。（ ）

4.对于在某一时点履行的履约义务，企业只要将商品所有权上的主要风险和报酬转移给客户，就可以确认收入。（ ）

5.不符合商品销售收入确认条件但已发出的商品的成本，应在资产负债表的“存货”项目中反映。（ ）

6.企业年末资产负债表中“未分配利润”项目的金额一定等于“利润分配”账户的年末余额。（ ）

7.客户只能通过使用所取得的商品来获得其经济利益。（ ）

8.弥补亏损一般均不需作专门的会计分录。（ ）

9.企业发放的现金股利和股票股利均通过“应付股利”账户反映。（ ）

10.确认可抵扣暂时性差异产生的递延所得税资产，应当以未来期间很可能取得用来抵扣可抵扣暂时性差异的应纳税所得额为限。（ ）

四、不定项选择题（每题至少有一个正确答案，请将正确答案填在括号内；每小题2分，共12分）

2022年11月4日，甲公司委托乙公司销售商品200件，商品已经发出，每件成本为60元。合同约定乙公司应按每件100元对外销售，甲公司按售价的10%向乙公司支付手续费。至11月30日乙公司对外实际销售100件，开出的增值税专用发票上注明的销售价款为10 000元，增值税税额为1 300元，款项已经收到。同日，甲公司收到乙公司开具的代销清单时，向乙公司开具一张相同金额的增值税专用发票。假定甲公司发出商品时纳税义务尚未发生，不考虑其他因素。

要求：根据上述资料，回答下列（1）—（6）问题。

（1）甲公司确认商品销售收入的时点是（ ）。

A.签订合同时

B.发出商品时

C.收到受托方开来的代销清单并开发票时

D.收到受托方的销货款时

（2）甲公司向乙公司支付的手续费应记入的账户是（　　）。

A.“主营业务成本”　　B.“财务费用”

C.“其他业务成本”　　D.“销售费用”

（3）乙公司对外实际销售商品时，下列各项会计处理正确的是（　　）。

A.借：应收账款　11 300

　　贷：主营业务收入　10 000

　　　　应交税费——应交增值税（销项税额）　1 300

B.借：主营业务成本　6 000

　　贷：受托代销商品　6 000

C.借：银行存款　11 300

　　贷：受托代销商品　10 000

　　　　应交税费——应交增值税（销项税额）　1 300

D.借：受托代销商品款　10 000

　　贷：应付账款　10 000

（4）下列各项关于乙公司的表述，不正确的是（　　）。

A.不确认实现的销售收入10 000元

B.该项业务中乙公司实际需要缴纳增值税

C.乙公司取得的手续费收入应记入“财务费用”账户

D.收到商品时应借记“受托代销商品款”账户

（5）下列各项应列入资产负债表“存货”项目的是（　　）。

A.委托代销商品　　B.受托代销商品

C.受托代销商品款　　D.主营业务成本

（6）该项业务对于甲公司2022年11月利润总额的影响金额是（　　）元。

A.3 000　　B.4 000　　C.5 000　　D.6 000

五、综合业务题（共48分）

1.某家电企业为增值税一般纳税人，销售商品适用的增值税税率为13%，2022年11月该企业发生的有关职工薪酬的资料如下：

（1）当月应付职工工资总额为500万元，“工资费用分配汇总表”中列示的产品生产工人工资为350万元，车间管理人员工资为70万元，企业行政管理人员工资为50万元，专设销售机构人员工资为30万元。

（2）根据“工资费用分配汇总表”，本月企业应付职工工资总额为500万元，扣回代垫的职工家属医药费6万元，按税法规定应代扣代缴职工个人所得税共计15万元，企业以银行存款支付工资479万元。

（3）根据国家规定的计提基础和计提标准，当月应计提的基本养老保险费为60万元，基本医疗保险费为50万元，其他保险费为40万元以及住房公积金为50万元。

（4）当月企业以其生产的电风扇作为福利发放给500名生产工人，该型号电风扇市场销售价（不含税）为每台600元，每台成本为400元。

（5）企业以银行存款支付为行政部门经理租赁一套住房的租金，收到普通发票列示金额8 000元，并向其提供一辆轿车免费使用，该轿车当月折旧为1万元。

要求：

（1）根据资料（1）编制该企业分配工资的会计分录。

（2）根据资料（2）编制该企业发放工资、扣回代垫代缴相关款的会计分录。

（3）根据资料（3）编制该企业计提相关保险、住房公积金的会计分录。

（4）根据资料（4）编制该企业向职工发放电风扇的会计分录。

（5）根据资料（5）编制该企业为行政部门经理租房和提供轿车免费使用的会计分录。

（答案中的金额单位用万元表示）（本题共20分）

2.华强公司（增值税一般纳税人）2022年10月9日与远东公司签订一项合同，为其开发一套软件，工期大约为4个月，合同总收入（含税）42.4万元。至2022年12月31日，华强公司已发生成本18万元（均为开发人员薪酬），预收服务款25万元（不含增值税）。华强公司预计开发软件还将发生成本12万元。至当年年底华强公司按投入法确定履约进度，并按季度编制财务报表，不考虑其他因素，华强公司开发软件适用增值税率为6%。

要求：

（1）编制华强公司发生履约成本的会计分录。

（2）编制华强公司预收服务款项的会计分录。

（3）分别计算华强公司2022年12月31日的履约进度、确认的履约服务收入和履约成本。

（4）编制华强公司确认履约服务收入和结转履约服务成本的会计分录。

（答案中的金额单位用万元表示，计算结果保留两位小数）（本题共14分）

3.2022年12月末，中卫公司有关账户结转前余额见下表（单位：万元）：

项目	余额	项目	余额
主营业务收入	2 300（贷）	其他业务收入	650（贷）
营业外收入	360（贷）	投资收益	135（借）
主营业务成本	1 600（借）	其他业务成本	360（借）
税金及附加	420（借）	销售费用	320（借）
管理费用	510（借）	财务费用	26（借）
营业外支出	330（借）	资产减值损失	130（借）
信用减值损失	53（借）	公允价值变动损益	190（贷）
其他收益	18（贷）	资产处置损益	36（贷）
所得税费用	15（借）		

要求：

（1）计算中卫公司2022年12月的营业收入、营业成本、期间费用、营业利润、利润总额及净利润。(要求写出计算过程)

（2）编制结转上述损益及结转净利润的会计分录。

(答案中的金额单位用万元表示)(本题共12分)